馔
工

# 格言联璧

[清] 金缨 著

## 图书在版编目（CIP）数据

格言联璧 /（清）金缨著. —— 北京：中国友谊出版公司，2010.1（2022.3重印）
 ISBN 978-7-5057-2639-0

Ⅰ. ①格… Ⅱ. ①金… Ⅲ. ①格言－汇编－中国－古代 Ⅳ. ①H136.3

中国版本图书馆CIP数据核字（2009）第212795号

| | |
|---|---|
| 书名 | 格言联璧 |
| 作者 | [清] 金缨 |
| 出版 | 中国友谊出版公司 |
| 发行 | 中国友谊出版公司 |
| 经销 | 新华书店 |
| 印刷 | 天津丰富彩艺印刷有限公司 |
| 规格 | 640×960毫米　16开<br>19.25印张　207千字 |
| 版次 | 2010年1月第1版 |
| 印次 | 2022年3月第2次印刷 |
| 书号 | ISBN 978-7-5057-2639-0 |
| 定价 | 49.80元 |
| 地址 | 北京市朝阳区西坝河南里17号楼 |
| 邮编 | 100028 |
| 电话 | (010) 64678009 |

版权所有，翻版必究
如发现印装质量问题，可联系调换
电话　(010) 59799930-601

# 目录

序一 ………………………………………（01）
序二 ………………………………………（03）
序三 ………………………………………（05）

学问类 ……………………………………（1）
存养类 ……………………………………（25）
持躬类 ……………………………………（47）
摄生（附）………………………………（101）
敦品类 ……………………………………（113）
处事类 ……………………………………（125）
接物类 ……………………………………（143）
齐家类 ……………………………………（185）
从政类 ……………………………………（205）
惠言类 ……………………………………（235）
悖凶类 ……………………………………（265）

# 序 一

金 缨

余自道光丙午岁,敬承先志辑《几希录》续刻,工竣后,遍阅先哲语录,遇有警世名言,辄手录之,积久成帙,编为十类,曰《觉觉录》。卷帙繁多,工资艰巨,未能遽付梓人。因将《录》内整句先行刊布,名《格言联璧》,以公同好。至全《录》之刻,姑俟异日云。

咸丰元年辛亥仲夏
山阴金缨谨识

# 序 二

郭辅庭

右《格言联璧》，山阴金兰生氏缨选录所辑《觉觉录》中浅近格言，别刻单行之本也。书分十类，不外诚正、修齐、立身、处世之常。近取远譬，义显词明，皆古来士夫学人，克己功深、阅世有得之言，字字从躬行实践中来。故与其他传先语录，义理高深，非人人所能诵习者，为用迥殊。余置之案头，奉为座右铭者，数十年于兹矣。裨益身心，良非浅鲜。

其书自咸丰初元锓板行世，迄今垂八十年，流传既久。几于家置一编，功用之广，于此可见。惜坊本刊印草率，讹夺滋多，附刻喧宾夺主，传本各异。就余所见，格言之后有附《文昌帝君劝孝文》等五种者，有附三圣经及劝诫铭文，而乩训药方又复杂出前后者，以道家经文附传家语类以传私。窃以为未善也。向已别求明《圣经注解》《阴骘文图证》《太上感应篇集传》三种善本校刻之，使各自为书。仍取插架旧所校定《格言联璧》一书，就正通人，复加雠勘，端楷书写，重付精刊，以永其传焉。

武进董授经先生谓金氏此辑，一以修己、行仁、省躬、察物为归，与宋赵善璙《自警编》类目相近，而精炼过之，而以附刊过多为病。今析所旧附道经,删其铭训歌诀,庶几登诸著录,不伤芜杂,卓然成一家之言云。

辛未孟陬之月<br/>潮阳郭泰棣辅庭氏识才双百鹿斋

# 序 三

孟 森

"格言"二字,不见于经,其见于传记者,最早为三国时崔琰《谏世子丕书》有云:"周孔之格言,二经之明训。"至晋潘岳《闲居赋》:"奉周任之格言。"李善注引《论语考比谶》"赐问曰:'格言成法,亦可以次序也。'"然则格言见谶纬之书,出自孔门,行于周代,其来盖已久矣。六经、四子,即圣人述作之格言。后世非专门学子,未能专意治经,则赖有历代先哲较为浅近之格言,足以随事醒世。其有功于世道人心者甚大。

清咸丰间,山阴金兰生先生,辑为《联璧》一书,分门采录,有条不紊。世重其书,刊刻流布,日增月盛,可知好善人有同心。因世衰道弊,陷溺益深,救世之士,益亟于提倡是书,以资警醒之用。顾传本既多,各家之本,字句不无略有异同,校其意义,互有长短。潮阳郭君辅庭,知是书大有益于救世,爰取各本悉心校雠,从其最长,勒为定本,又惩刻工潦草、不足动人爱玩之意,倩名手仿宋精刊精印,使通人雅士亦足资为席上之珍。此诚善与人同,多方诱掖之盛心也。

余尝思精理名言,足以发人深省,启人神悟,更有较辑近代格言，高其品格者，意欲集《说苑》《新序》、韩非之《内外储说》、淮南之《说山说林训》《吕览》之以人事标题各篇中事实，分门别类，撰为一书。能更遍搜诸子之文，以附益之更善，不能，则以上数书，亦足以穷心理之变化，析事理之毫芒，而为六经以外格言之最高尚者矣。人事卒卒，此愿未遂。郭君以所刻《格言联璧》嘱序，伸其余意如此。

庚午八月<br/>孟森谨叙

# 格言联璧

## 学问类

古今来许多世家①，无非积德；
天地间第一人品，还是读书。

**【原注】**

传家久远，总不外"读书积德"四字。若纷纷势利，真如烟花过眼，须臾变灭。古联云：树德承鸿业，传经裕燕贻。又云：树德箕裘惟孝友，传家彝鼎在诗书。又云：天庥静迓惟为善，祖泽长延在读书。又云：欲高门第须为善，要好儿孙必读书。又云：立品定须成白璧，读书何止到青云。皆格言也。

**【注释】**

①世家：旧时泛指门第高、世代做大官的人家。

**【译文】**

古往今来，世家的名声都是靠积累德行而成就的；要想具备高洁的人品，只有通过读书获取。

读书即未成名，究竟人高品雅；
修德不期获报，自然梦稳心安。

**【原注】**

不因果报方修德，岂为功名始读书！

**【译文】**

读书即使不能成名，毕竟可以使人品行高洁；修养德行而不希望获得回报，自然饱食酣眠，心态安稳。

为善最乐，读书便佳。

【原注】

茅鹿门云：人生在世，多行救济事，则彼之感我，中怀倾倒，浸入肝脾。何幸而得人心如此哉！此事之最乐而莫可加者也。若徒求诸几席之丰，堂构之美，润屋润身，相去殆有天壤之别矣。张扬园云：人第见近世游庠序者，至于饥寒；衣冠之子，多有败行，遂以归咎读书。不知末世之习，攻浮文以资进取，未尝知读圣贤之书。是以失意斯滥，得意斯淫，为里俗所羞称尔，安可因噎而废食乎？试思子孙既不读书，则不知义理；一传再传，蚩蚩蠢蠢，有亲不知事，有身不知修，有子不知教。愚者安于固陋，黠者习为巧诈，循是以往，虽违禽兽不远，勿耻也。然则诗书之业，可不竭力世守哉！

【译文】

为人行善，最能令人快乐；认真读书，最能让品格提高。

诸君到此何为，岂徒学问文章，
擅一艺①微长，便算读书种子；
在我所求亦恕，不过子臣弟友，
尽五伦②本分，共成名教③中人。

【原注】

广州香山书院楹联。刘直斋云：士先器识而后文艺。若夫少时无所持养，不为事亲从兄之事，不闻礼义廉耻之说，但为无根浮伪之文，骤登青云之路，其不蔑弃君亲、草菅人命者，鲜矣。

【注释】

①艺：六艺，即礼、乐、射、御、书、数六种技能。
②五伦：即"五常"，封建礼教称君臣、父子、兄弟、夫

妇、朋友之间的五种关系。《孟子·滕文公上》："使契为司徒，教以人伦：父子有亲，君臣有义，夫妇有别，长幼有序，朋友有信。"

③名教：以正名定分为中心的封建礼教。

【译文】

各位为什么来到这里？难道只是为了做学问、写文章吗？难道在这方面有一技之长，就能算做读书人吗？在我看来，我们所探求的不过是"恕"，不过是尽五伦的职责，成为恪守礼教的人。

聪明用于正路①，愈聪明愈好，
而文学功名益成其美；
聪明用于邪路，愈聪明愈谬，
而文学功名适济其奸。

【注释】

①正路：大路，指正道。《孟子·离娄上》："仁，人之安宅也；义，人之正路也。"

【译文】

聪明如果用于正道，那么就越聪明越好，而学问和功名更能增加他的美德；聪明若用于邪路，那么越聪明就越谬误，学问和功名反会助长他的奸诈。

战虽有阵，而勇为本。
丧虽有礼，而哀为本。
士虽有学，而行为本。

【译文】

　　作战虽有一定阵法,但以勇敢为根本。办丧事虽有一定礼法,但以哀伤为根本。有识之士虽有学问,但以品行为根本。

　　　　飘风①不可以调宫商②,
　　　　巧妇不可以主中馈③,
　　　　文章之士不可以治国家。

【注释】

　　①飘风:旋风。《尔雅·释天》:"回风为飘。"
　　②宫商:指古代宫、商、角、徵、羽五音。此处泛指音乐。

　　③中馈:饮食家务等事项。旧称妇女之职为主持中馈。《易·家人》:"无攸遂,在中馈,贞吉。"

【译文】

　　回旋的风不能奏出美好的音乐,取巧的妇人不能管理好家务,只会写文章的读书人不能治理好国家。

　　　　经济①出自学问,经济方有本源。
　　　　心性②见之事功,心性方为圆满。
　　　　舍事功更无学问,求性道不外文章。

【注释】

　　①经济:经国济世。
　　②心性:佛教称不变的心体为心性。

【译文】

经国济世之道出自于学问,学问才是经国济世的本源。修心养性的成果体现于建功立业,心性才算圆满。除建功立业之外,世上没有真正的学问;要想获得修心养性的方法,不外乎文章。

何谓"至行"①,曰"庸行"②。
何谓"大人"③,曰"小心"。
何以"上达"④,曰"下学"。
何以"远到",曰"近思"。

【注释】

①至行:至高无上的德行。
②庸行:日常行为。
③大人:品行高洁的人。《易·乾》:"夫大人者,与天地合其德。"
④上达:向上进取。《论语·宪问》:"君子上进,小人下达。"

【译文】

什么是最高的德行?即日常的修行。什么是品德高尚的君子?即谦恭谨慎之人。如何才能上进?即虚心学习,不耻下问。怎样才能实现远大的抱负?即思虑当下。

竭忠尽孝,谓之人。治国经邦,谓之学。
安危定变,谓之才。经天纬地,谓之文。
霁月光风①,谓之度②。万物一体,谓之仁。

【注释】

①霁月光风:霁,开朗;光,与霁同义。霁月光风,比喻心胸光明坦荡。

②度:器度,胸襟。《左传·昭公十二年》:"思我王度,式如玉,式如金。"

【译文】

能竭忠尽孝的人称为人。学治国安邦的本领叫作学。具有平险定乱的才能叫作才。能规划天地万物的文字叫作文。光明坦荡的风度叫作度。万物与我一体的仁心叫作仁。

以心术为本根,以伦理①为桢干②,
以学问为菑畲③,以文章为花萼,
以事业为结实,以书史为园林,
以歌咏为鼓吹④,以义理为膏粱⑤,
以著述为文绣,以诵读为耕耘,以记问为居积,
以前言往行为师友,以忠信笃敬为修持,
以作善降祥为受用,以乐天知命为依归。

【注释】

①伦理:人类道德之原理。《礼记·乐记》:"乐者,通伦理者也。"

②桢干:筑墙所用的木柱,竖于两端的叫桢,竖于两旁的叫干。喻事物之本根。

③菑畲(zī yú):良田。初耕的土地叫菑,开垦过三年的田地叫畲。《尔雅·释地》:"田一岁曰菑,二岁曰新田,三岁曰畲。"

④鼓吹:原指鼓、钲、箫、笳等合奏之乐曲,此代称音乐。

⑤膏粱：喻珍美之味。《孟子·告子上》："《诗》云：'既醉以酒，既饱以德。'言饱乎仁义也，所以不愿人之膏粱之味也。"

【译文】

把心术当作根本，把伦理当作枝干，把学问当作田地，把文章当作花萼，把事业当作果实，把书籍当作园林，把歌咏当作音乐，把义理当作食粮，把著述当作纹饰，把诵读当作耕耘，把讨论当作积累，把先贤的言行当作良师和益友，把忠信诚敬当作修身之本，把行善事、赐祥瑞当作享受，把乐天知命当作归依。

凛①闲居以体独，卜②动念以知几③，
谨威仪以定命，敦④大伦以凝道⑤，
备百行以考德，迁善改为以作圣。

【原注】

《刘忠介公人谱》六条。

【注释】

①凛：敬畏。

②卜：推测、预料。

③几：几微，先兆。《易·系辞下》："几者动之微，吉之先见者也。"

④敦：敦比，即精审躬亲。

⑤凝道：凝，成；道，理。《礼记·中庸》："苟不至德，至道不凝。"

【译文】

闲居静坐体验慎独的意味，预测行动意念了解事物的先兆，严肃威仪遵从于天命，恪守人伦养成修身之道，具备各种品行成就仁德，改过向善成为圣人。

收吾本心在腔子里，是圣贤第一等学问；
尽吾本分在素位①中，是圣贤第一等工夫。

【注释】
①素位：现在所居之职位。《礼记·中庸》："君子素其位而行，不愿乎其外。"

【译文】
保持本真仁心，这是圣贤之士的最高学问；恪尽本分职守，这是圣贤之士的头等功夫。

万理澄澈，则一心愈精而愈谨；
一心凝聚，则万理愈通而愈流。

【译文】
通晓万理，则能精心细致；用心专一，则能明识通达。

宇宙①内事，乃己分内事；
己分内事，乃宇宙内事。

【注释】
①宇宙：指上下四方，古往今来。《尸子下》："上下四方曰宇，往古来今曰宙。"
【译文】
天下的事情，就是自己的事情。自己的事情，也就是天下的事情。

> 身在天地后,心在天地前。
> 身在万物中,心在万物上。

【原注】
康节诗、白沙诗,皆超然物表,阅之作天际真人想。

【译文】
人身虽生天地万物之后,人心却能探知万物产生以前的情状;人身虽处天地万物之中,人心却为万物的主宰。

> 观天地生物气象,学圣贤克己工夫。
> 下手处是自强不息,成就处是至诚无息。

【原注】
陈榕门云:自强不息,即诚之功。可见"诚"字乃澈上澈下道理、希贤希圣工夫。

【译文】
静观天地万物的景象,学习古圣先贤克己养性之功。行动实践自强不息,成就至诚没有止境。

> 以圣贤之道教人易,以圣贤之道治己难。
> 以圣贤之道出口易,以圣贤之道躬行难。
> 以圣贤之道奋始易,以圣贤之道克终难。
> 圣贤学问是一套,行王道①必本天德。
> 后世学问是两截,不修己只管治人。

【原注】

陈榕门云：以圣贤教人，似易实难。莫若先以圣贤治己，人将慕而化之。即不然，而己不失为圣贤路上人，所得多矣。下二段，尤关吃紧。言行不符，是为假圣贤。始终不一，又成了两截人。必要一直认真到底，方得。陈榕门云：一言学问，治人便当修己。不修己而治人，真谓之未尝学问。

【注释】

①王道：儒家推行的政治主张，即以仁义治天下。《孟子·梁惠王上》："养生丧死无憾，王道之始也。"

【译文】

以圣贤之道教导别人容易，而以圣贤之道律己难。口头主张圣贤之道容易，但亲自实践起来却不容易。以遵圣贤之道奋斗开始容易，但要坚持到底很难。圣贤之道是学问与实践的统一，行王道必须本于仁德的本性。后代学问与实践相分离，不约束自身而只管治理别人。

口里伊周①，心中盗跖②，
责人而不责己，名为挂榜圣贤；
独凛明旦，幽畏鬼神，
知人而复知天，方是有根学问。

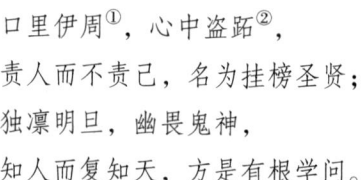

【注释】

①伊周：伊尹、周公。两人都曾摄政。史并称伊周，视为圣贤。

②盗跖（zhí）：相传为春秋末期起义领袖，后引申为强盗。

## 【译文】

满口仁义道德，内心却奸邪无比，约束别人而不约束自己，这类人称为"挂榜圣贤"。行为光明磊落，心中敬畏鬼神，知道人事而又懂得天理，这才是真正有学问。

  无根本底气节，如酒汉殴人，
  醉时勇，醒来退消，无分毫气力；
  无学问底识见，如庖人炀灶①，
  面前明，背后左右，无一些照顾。

## 【原注】

不知者赏其一时，惑其一偏，每击节叹服，信以终身。吁！难言也。气节信不过人，有出于一时之感慨，则小人能为君子之事；有出于一念之剽窃，则小人能盗君子之名。亦有初念甚力，久而屈其雅操；当危能奋，安而丧其生平者。此皆不自涵养中来。若圣贤之学问，至死更无破绽。

## 【注释】

①炀灶：在灶前烤火。

## 【译文】

没有根本的气节，就像醉汉打人，醉的时候勇敢，而醒来后勇气消退，没有一分一毫力气；没有学问的见识，就像厨师面对炉灶，面前明亮但身后左右黑暗。

  理以心得为精，故当沉潜①，不然，耳边口头也。
  事以典故为据，故当博洽②，不然，臆说杜撰也。

【注释】

①沉潜：深沉潜伏，含蕴不外露。《书·洪范》："高明柔克，沉潜刚克。"后以沉潜为柔德。

②博洽：博物洽闻，指见识广。《汉书·司马迁传赞》："以迁之博物洽闻，而不能以知自全。"

【译文】

用心体会事理才能理解精确得当，所以应当沉着稳重，不然就成了耳边风、口头语。事理要以典故为依据，因此必须学识广博，否则就成了主观臆想、胡编乱造。

<br>

只有一毫粗疏处，便认理不真，所以说惟精；
不然，众论淆之而必疑。
只有一毫二三心，便守理不定，所以说惟一；
不然，利害临之而必变。

【译文】

只要有一点粗心大意的地方，就会认识真理不确切，所以说要精确，否则众说纷纭必然导致混乱而生疑惑。哪怕有一点三心二意，就不能守住事理，所以说要专一，否则面临利害时就必然发生变乱。

<br>

接人要和中有介①，
处事要精中有果，
认理要正中有通。

【原注】

陈榕门云：此三种是何等学识！何等作用！非浅学所可貌似。

【注释】

①介：刚直，耿介。

【译文】

待人接物要平和而不失正直，处理事情要明白而果断，认识事理要中正而通达。

> 在古人之后，议古人之失则易；
> 处古人之位，为古人之事则难。

【原注】

一恕字尽之。恕则公，恕则厚，其理如此。

【译文】

生于古人之后而议论古人的缺点失误这很容易，处于古人的位置做古人所做的事就很难。

> 古之学者，得一善言，附于其身；
> 今之学者，得一善言，务以悦人。

【译文】

古时候的学者得到一句善言，就会身体力行；而现今的学者得到一句善言，就必定想取悦别人。

> 古之君子，病①其无能也，学之；
> 今之君子，耻其无能也，讳之。

【原注】

吕新吾云：学者不长进，其病根只在护短，恐人笑己之不知也。一笑之耻，而终身之笑，顾不耻乎！

【注释】

①病：忧虑，担心。《论语·卫灵公》："君子病无能焉，不病人之不己知也。"

【译文】

古代的君子，担心别人耻笑自己无能，所以不断学习；现在的君子，对自己的无能感到羞耻，却尽力掩盖避讳。

眼界要阔，遍历名山大川；
度量要宏，熟读五经①诸史。

【注释】

①五经：即《诗经》《尚书》《礼记》《易经》《春秋》五部儒家经典。

【译文】

要想眼界开阔，就要游历名山大川；要想具有恢弘的气度，就要熟读经史典籍。

先读经，后读史，则论事不谬于圣贤；
既读史，复读经，则观书不徒为章句。

【译文】

先读经书后读史籍，那么讨论事理就不会与圣贤的言辞相悖；既读史籍再读经书，那么读书就不只是为了寻章摘句。

读经传①则根底厚，看史鉴则议论伟，
观云物②则眼界宽，去嗜欲则胸怀净。

【注释】

①经传：儒家典籍经与传的统称。经文深奥，义有难明，作传以阐明之。

②云物：景物。

【译文】

诵读经传可使学问根深底厚，看史籍鉴书可使议论气势宏伟，观赏自然景物就会眼界开阔，抛弃私欲则会心胸纯净。

一庭之内，自有至乐；
六经①以外，别无奇书。

【注释】

①六经：指《诗》《书》《礼》《乐》《易》《春秋》。

【译文】

一家之内，自有至高无上的快乐；除了六经外，别无奇书。

读未见书，如得良友；
见已读书，如逢故人。

【译文】

读未曾读过的书，就好像得到益友；看已经读过的书，就好像遇见故人。

何思何虑，居心当如止水；
勿住勿忘，为学当如流水。

【译文】

思考些什么,忧虑些什么呢?心应如静水般平静;不停留,不忘记,读书应当如川流般不息。

心不欲杂,杂则神荡而不收;
心不欲劳,劳则神疲而不入。

【原注】

用功过勤者,心力既疲,未见得手。须于诵读之余,闭目静坐,养其神气。令此心如鱼之在水,如鹤之在林,悠悠洋洋,活活泼泼,是读书之至乐也。

【译文】

用心不能杂乱,用心杂乱就会精神恍惚无法集中精力;用心也不能劳累,用心劳累就会精神疲惫难有收获。

心慎杂欲,则有余灵;
目慎杂观,则有余明。

【原注】

心欲其时时结聚,结聚则聪明生。

【译文】

心里要谨防产生杂念,这样才能神安;眼睛要避免看杂乱的景观,这样才会明目。

案上不可多书,心中不可少书。
鱼离水则鳞枯,心离书则神索。

【原注】

张梦复云：读书可以增长道心，为颐养第一事。

【译文】

书桌上的书不能太多，心中的书却不能少。鱼儿离开了水就会鱼鳞枯干，心中没有书就会精神无所寄托。

>  志之所趋，无远勿届①，
>  穷山距②海，不能限也。
>  志之所向，无坚不入，
>  锐兵精甲，不能御也。

【原注】

朱文公云：书不记，熟读可记；义不精，细思可精。惟有志不立，直是无著力处。只如而今贪利禄而不贪道义、要做贵人而不要做好人，皆是志不立之病。

【注释】

①届：到达。《诗·小雅·小弁》："不知所届。"
②距：通"巨"。巨大。

【译文】

追求心中的志向，就没有到达不了的地方，即使山川大海也不能阻挡；追求心中的志向，就没有不可攻破的坚壁，即使精锐的军队也不能抵御。

>  把意念沉潜得下，何理不可得！
>  把志气奋发得起，何事不可做！

【原注】

今之学者，将个浮躁心观理，将个委靡心临事，只模糊过了一生。

【译文】

只要能让心境沉稳下来，什么事理弄不明白！只要能立志奋发，什么事不能成功！

不虚心，便如以水沃石，一毫进入不得；
不开悟，便如胶柱鼓瑟①，一毫转动不得。

【原注】

许鲁斋云：读书最怕是自满。惟虚故能受，满则无所容。学者当佩斯言。陈子兼云：读书须知出入法，始当求所以入，终当求所以出。见得亲切，此是入书法；用得透脱，此是出书法。

【注释】

①胶柱鼓瑟：指调节音节。比喻拘泥而不知变通。

【译文】

不能虚心，就好像用水浇石头，水一丝一毫都进不去；不能用心去领悟，就好像调音时胶住鼓瑟的弦柱，一丝一毫也转动不得。

不体认，便如电光照物，一毫把捉不得；
不躬行，便如水行得车，陆行得舟，
一毫受用不得。

【原注】

薛文清公云：为学不是虚谈道理，须于应事接物时，随处详审体察。若泛观天下之理，而不知善处事物，究于实际何补？高忠宪公云：学者读书，须要句句反到自己身上来看，一面思索体认，一面反躬实践，这才是读书。

【译文】

读书而不亲身体验，就好像闪电照物，一点也把握不到；读书不亲自实践，就像走水路却得到车、走陆路却得到船一样，一点都用不上。

　　　　读书贵能疑，疑乃可以启信①；
　　　　读书在有渐，渐乃克底②有成。

【原注】

陈白沙云：疑者，觉悟之机；知其可疑而思问焉，其悟自不远矣。若徒以为晓得，便竟住了，大无益。吕新吾云：天地所以循环无端，积成万古者，只有四个字，曰：无息有渐。为学亦然。

【注释】

①启信：引起思考。

②克底：能弄清道理之究竟。克，成；底，底理。

【译文】

读书贵在能提出疑问，有疑问才能引发思考；读书贵在能循序渐进，循序渐进才能坚持到底有所成就。

　　　　看书求理，须令自家胸中点头；
　　　　与人谈理，须令人家胸中点头。

【原注】

　　老妪能解之诗，便是幼妇绝妙好词。行文而如鬼咒神谶，尔虽得意，谁为点头？

【译文】

　　读书探求道理，必须让自己感到满意；和别人谈论道理，必须让别人点头称是。

<br>

　　　　爱惜精神，留他日担当宇宙；
　　　　蹉跎岁月，问何时报答君亲！

【原注】

　　人之一生，只靠这精神干事，精神不旺，昏沉到底。人若调养得精神完固，不怕文字无解悟、无神气，此是举业最上乘。

【译文】

　　珍惜爱护精神，留待日后担当重任；虚度光阴，何时才能报答君主亲人之恩？

<br>

　　　　戒酗饮，浩饮伤神。戒贪色，贪色灭神。
　　　　戒厚味，厚味昏神。戒饱食，饱食闷神。
　　　　戒多动，多动乱神。戒多言，多言损神。
　　　　戒多忧，多忧郁神。戒多思，多思挠神。
　　　　戒久睡，久睡倦神。戒久读，久读苦神。

【译文】

　　戒酗酒，酗酒易伤神。戒贪色，贪色易销蚀精神。戒食美味，美味易使人智昏。戒过饱，过饱易使精神沉郁。戒多动，多动易使神志混乱。戒多话，多说话易损害精神。戒多虑，多虑易使精神郁闷。戒多思，思虑过多易扰乱心神。戒久睡，睡得太久易使精神疲倦。戒久读，久读易使精神劳累不堪。

# 格言联璧

## 存养类

性分不可使不足，故其取数也宜多：
曰穷理，曰尽性，曰达天，曰入神，
曰致广大、极高明。
情欲不可使有余，故其取数也宜少：
曰谨言，曰慎行，曰约己，曰清心，
曰节饮食、寡嗜欲。

【译文】
　　人的本性天良不可以缺乏，所以其可取法之处也应很多：如穷极物理，尽其本性，通达天下，收心聚神，致力广大，穷极高明。人的情欲不可以太盛，所以其可取法之处也应有很多：如谨言慎行，约束自我，清心寡欲，节制饮食，减少嗜好欲念。

大其心，容天下之物；
虚其心，受天下之善；
平其心，论天下之事；
潜其心，观天下之理；
定其心，应天下之变。

【原注】
　　炼心如炼金，百炼而后为真金，百炼而后为真心。
【译文】
　　使心胸宽广容纳天下万物；持谦虚的心态接受天下好人善事；用心公正谈论天下之事；沉潜心神观天下事理；安定心气以应对自然与社会的变迁。

清明以养吾之神,湛一以养吾之虑,
沉警以养吾之识,刚大以养吾之气,
果断以养吾之才,凝重以养吾之度,
宽裕以养吾之量,严冷以养吾之操。

【原注】
　　冯少墟云:凡人拈花弄月,寻山问水,便觉天趣盎然,而况存心养性,直达真源?上下古今,都在这里。此中乐趣,更复何如?
【译文】
　　处事清明以培养我的精神,精湛专一以培养我的思虑,沉着警觉以培养我的胆识,刚强大度以培养我的气魄,处事果断以培养我的才能,深沉持重以培养我的风度,宽大丰裕以培养我的雅量,严峻肃然以培养我的节操。

自家有好处,要掩藏几分,这是涵育以养深;
别人不好处,要掩藏几分,这是浑厚以养大。

【译文】
　　自己有优点要遮掩几分,这是培养深厚的涵养;别人有缺点要替他遮盖几分,这是培养宽宏的气度。

以虚养心,以德养身;
以仁养天下万物,以道养天下万世。

【译文】

　　用谦虚培养心境，用德性规范言行；用仁心对待天下万事万物，用大道滋养万世之泽。

　　　　涵养冲虚①，便是身世学问；
　　　　省除烦恼，何等心性安和！

【原注】

　　刘念台云：涵养全得一"缓"字，凡语言动作皆是。刘直斋云：存心养性，须要耐烦、耐苦、耐惊、耐怕，方得纯熟。世人遇不如意事，动辄烦恼。而烦恼无补于事，徒自增苦。惟有耐心料理，勿更添此一番缠缚。

【注释】

　　①冲虚：喻怀抱之淡薄空虚。阮籍诗："养志在冲虚。"

【译文】

　　虚心的涵养，便是安身立命的学问；除去烦恼，心性是多么安宁平和！

　　　　颜子四勿①，要收入来；
　　　　闲存②工夫，制外以养中也。
　　　　孟子四端③，要扩充去；
　　　　格致④工夫，推近以暨远也。

【注释】

　　①四勿：指非礼勿视、非礼勿听、非礼勿言、非礼勿动。语见《论语·颜渊》。
　　②闲存：约束邪念，保持诚实。《周易·乾》："闲存其诚。"

③四端：四种德性。《孟子·公孙丑上》："恻隐之心，仁之端也；羞恶之心，义之端也；辞让之心，礼之端也；是非之心，智之端也。人之有是四端也，犹其有四体也。"

④格致：格物致知。《礼记·大学》："致知在格物。"朱熹解格物为穷至事物之理。

【译文】

颜子的四勿应记在心中，闲邪存诚的功夫，就是克制外在的诱惑以修养心性。孟子的仁、义、礼、智四端应当扩充广大，格物致知的工夫，要由近至远，推己及人。

喜怒哀乐而曰未发，
是从人心直溯道心①，要他存养；
未发而曰喜怒哀乐，
是从道心指出人心，要他省察。

【注释】

①道心：道德之心。《荀子·解蔽》："人心之危，道心之微。"

【译文】

人有喜怒哀乐但并不表现出来，这是从自然的人心追溯到了道德之心，要他存心养性；不表现出来而有喜怒哀乐的情绪，这是从道德之心指出人的本性，要他自我反省。

存养宜冲粹，近春温；
省察宜谨严，近秋肃。

【译文】

存心养性应当冲淡纯净，近似于春天般温润；反省自身应当谨严，类似于秋天般肃然。

就性情上理会，则曰涵养。
就念虑上提撕①，则曰省察。
就气质上销熔，则曰克治。

【原注】

省克得静安，即是涵养；涵养得分明，即是省克。其实一也，皆不是落后著事。涵养与克治，是人心双轮。入门之始，克治力居多；进步之后，涵养力居多。及至车轻路熟时，不知是一是二。先儒每言存养省察，毕竟工夫以省察入；若不能省察，说甚存养？真文忠云：治心如治病。然省察者，切脉而知疾也；克治者，用药以去疾也；存养者，则又保护元气，以杜未形之疾者也。

【注释】

①提撕：提醒，警觉。《颜氏家训·序致》："业以整齐门内，提撕子孙。"

【译文】

性情的领悟就叫作涵养。注意提醒自己的思想，就叫作省察。气质的融汇就叫作克治。

一动于欲，欲迷则昏；
一任乎气，气偏则戾。

【原注】

人于初起念时,即便回心一想,其是非固自较然。非者去之,是者存之。克己工夫,即从此初念克起;行善工夫,即从此初念行起。

【译文】

为欲望所动心,欲念使之迷惑就会昏庸;任意动气,意气偏执就会背离事理。

人心如谷种,满腔都是生意,物欲锢之而滞矣。
然而生意未尝不在也,疏之而已耳。
人心如明镜,全体浑是光明,习染薰之而暗矣。
然而明体未尝不存也,拭之而已耳。

【原注】

惟有内起之贼,从意根受者不易除。加之气拘物蔽,则表里夹攻,更无生意可留,明体可睹矣,是谓丧心之人。君子惓惓于谨独以此。

【译文】

人心好比谷种,满腹生机,只因物欲禁锢了这生机而使之滞涩。然而生机未尝不存在,只要疏通它罢了。人心如同明镜,全都是光明,只因习染了污垢而使之暗淡。然而光明之体并非不存在,擦拭它就可以了。

果决人似忙,心中常有余闲;
因循人似闲,心中常有余忙。

【原注】

应事接物,常觉得心中有从容闲暇时,才见涵养。若应酬时劳扰,不应酬时牵挂,极是吃累的。

【译文】

处事果断的人看似忙碌,但其心中常存有闲暇;因循守旧的人看似清闲,但其心中常多思虑。

寡欲故静,有主则虚。

【原注】

不为外物所动之谓静,不为外物所实之谓虚。吕新吾云:心要如天平然,任物之去来,只是静虚中正。何等自在!

【译文】

清心寡欲所以能平心静气,心有主见就会处事虚心。

无欲之谓圣,寡欲之谓贤,
多欲之谓凡,徇欲之谓狂。

【原注】

用力寡之,斯寡矣,其治本在敬。不用力寡之,则必至于徇,其病本在怠。周石藩云:寡欲极是难事,盖必见理亲切,将义命二字守得牢固,则心地自然明白,魂梦自然受用,而欲乃不得而入之。若心上打扫不清,则穷通得丧,当吃紧之际,未有不潜移而默夺者。此素位不愿外之所以难也。

【译文】

没有欲念的人称为圣人,清心寡欲的人叫作贤人,欲望很多的人称为凡人,放纵欲望的人是狂人。

人之心胸，多欲则窄，寡欲则宽。
人之心境，多欲则忙，寡欲则闲。
人之心术，多欲则险，寡欲则平。
人之心事，多欲则忧，寡欲则乐。
人之心气，多欲则馁，寡欲则刚。

【原注】

须把心头打叠干净，浑如楼阁在空中，何等潇洒自在。故孟子云：养心莫善于寡欲。

【译文】

人的心胸，欲望多了就会狭隘，少了则宽广。人的心境，欲望多了就繁忙，少了则闲适。人的心术，欲望多了就会险恶，少了则平和。人的心事，欲望多了就有所忧愁，少了则快乐。人的心志，欲望多了就会软弱，少了则刚毅。

宜静默，宜从容，宜谨严，
宜俭约，四者切己良箴。
忌多欲，忌妄动，忌坐驰①，
忌旁骛，四者切己大病。
常操常存，得一恒字诀；勿忘勿助，得一渐字诀。

【原注】

时时遵此修持，则心自凝。

【注释】

①坐驰：身不动而心有旁骛。《庄子·人间世》："瞻彼阕者，虚室生白，吉祥止止；夫且不止，是之谓坐驰。"

【译文】

　　人应当安静沉默,从容不迫,严肃谨慎,勤俭节约,这些都是切身的箴言。应忌讳多欲念,盲目行事,人在心不在,用心不一,这四点是切身的大缺点。修养德行,持之以恒是关键;自然体会而不刻意追求,循序渐进是关键。

　　　　敬守此心,则心定;敛抑其气,则气平。

【译文】

　　谨慎恪守本分之心,那么心就安定;收敛抑制浮躁之气,则心平气和。

　　　　人性中不曾缺一物,人性上不可添一物。

【译文】

　　人性的内涵不曾缺损一件东西,即为善;人性的需求不可多增添一样东西,即杂欲。

　　　　君子之心不胜其小,而气量涵盖一世;
　　　　小人之心不胜其大,而志意拘守一隅。

【译文】

　　君子心无杂欲,而气量宏大涵盖一切;小人欲念很多,而志向狭小拘守一角。

　　　　怒是猛虎,欲是深渊。

【译文】

　　发怒正如猛虎伤及他人,欲望如同深渊难以填满。

　　　　忿如火,不遏则燎原;
　　　　欲如水,不遏则滔天。

【原注】

　　故君子立身,其大要在乎惩忿窒欲。

【译文】

　　愤怒如同烈火,不遏制就会烧掉一切;欲望就像洪水,不阻止就会成滔天之势。

　　　　惩忿如摧山,窒欲如填壑。
　　　　惩忿如救火,窒欲如防水。

【原注】

　　《集古录》云:学者之惩忿窒欲,即使八战八克,终惧冷灰之复燃;倘其七纵七擒,必至狂澜之横决。真须一刀两断,方是澈底澄清。

【译文】

　　控制愤怒的情绪如同摧毁山峦般坚毅,又如救火一样迅疾;压制欲望如同填塞山谷一样有毅力,又如防洪一样果断。

　　　　心一松散,万事不可收拾。
　　　　心一疏忽,万事不入耳目。
　　　　心一执著,万事不得自然。

【译文】

用心一旦松散,那么凡事都做不好。用心一旦粗疏,那么凡事就不能专心。用心一旦固执,凡事就不能见其本来面目。

　　一念疏忽,是错起头;
　　一念决裂,是错到底。

【译文】

一念之疏忽,便是错误的开始;一念不能善始善终,便会一错到底。

　　古之学者,在心上做工夫,
　　故发之容貌,则为盛德①之符②;
　　今之学者,在容貌上做工夫,
　　故反之于心,则为实德③之病。

【原注】

　　陈榕门云:诚于中,自然形于外;制乎外,所以养其中。

【注释】

　　①盛德:美德。《史记·老子传》:"吾闻之,良贾深藏若虚,君子盛德,容貌若愚。"
　　②符:符信,标志。
　　③实德:实际的道德品行。

【译文】

　　古代学者在内心涵养上下工夫,所以表现为德高望重的标志;今天的学者在外表上下工夫,对于内心涵养,则显出德行的缺陷。

只是心不放肆，便无过差；
只是心不怠忽，便无逸志。

【译文】

只要心意不放纵，就不会出现差错；只要用心不怠惰疏忽，就没有不能坚守的志向。

处逆境心，须用开拓法；
处顺境心，要用收敛法。

【原注】

智慧如镜，富贵福泽，其翳之者也；困苦艰难，其磨之者也。徐曙庵云：最妙是一个"逆"字，今人处顺境，现成受享，有何意味！惟逆则艰难险阻中，陶炼得几许事业。故逆来顺受四字，随在当有自得处。

薛文清云：国以逸欲而亡，家以逸欲而败，身以逸欲而为昏愚、为戕贼，患无不至。盖忧患是天理之行，震动惊醒，心胆变换之地；安乐是人欲之窟，般乐怠傲，志溺魂销之地。故孟子云：生于忧患，死于安乐。古语云：富贵不与骄奢期，而骄奢至；骄奢不与死亡期，而死亡至。处顺境者，可以知所警矣。

【译文】

处于逆境时应开拓放达；处于顺境时应约束自敛。

世路风霜，吾人炼心之境也。
世情冷暖，吾人忍性之地也。
世事颠倒，吾人修行之资也。

养身心,则睡梦安稳。

观操存,在利害时;观精力,在饥疲时。
观度量,在喜怒时;观镇定,在震惊时。

【译文】

看一个人的操守,要在其面对利害得失的时候;看一个人的精力,应在他感到饥饿疲惫的时候;看一个人是否有度量,要在他面对喜怒哀乐的时候;看一个人是否沉着,要在其面临令人震惊之事的时候。

大事难事看担当,逆境顺境看襟度。
临喜临怒看涵养,群行群止看识见。

【译文】

面临大事或难事可以看出一个人能否担负责任,处于顺境和逆境可以看出一个人的胸襟气度。遇到喜怒之事可看出一个人修养如何,与众人相处可看出一个人见识怎样。

轻当矫之以重,浮当矫之以实,
褊当矫之以宽,执当矫之以圆,
傲当矫之以谦,肆当矫之以谨,
奢当矫之以俭,忍当矫之以慈,
贪当矫之以廉,私当矫之以公,
放言①当矫之以缄默,好动当矫之以镇静,
粗率当矫之以细密,躁急当矫之以和缓,
怠惰当矫之以精勤,刚暴当矫之以温柔,

浅露当矫之以沉潜,溪刻②当矫之以浑厚。

【原注】
此变化气质工夫也。

【注释】
①放言:纵情谈论。《论语·微子》:"隐居放言。"
②溪刻:言辞刻薄。《世说新语·豪爽》:"桓公读《高士传》,至子陵仲子,便掷去,曰:'谁能作此溪刻自处。'"

【译文】
轻浮应矫之以稳重,浮躁应矫之以踏实,狭隘应矫之以宽宏,固执应矫之以圆通,骄傲应矫之以谦逊,放纵应矫之以谨慎,奢侈应矫之以节俭,残忍应矫之以慈悲,贪欲应矫之以廉洁,自私应矫之以大公,多话应矫之以沉默,好动应矫之以镇静,粗心草率应矫之以细密,焦躁应矫之以平和,懈怠应矫之以精勤,刚直暴戾应矫之以温柔,浅显直露应矫之以沉稳,苟薄应矫之以淳厚。

# 格言联璧

## 持躬类

聪明睿知，守之以愚。
功被天下，守之以让。
勇力振世，守之以怯。
富有四海，守之以谦。

【译文】
　　聪明睿智，要以愚笨的方法保持住。功德盖世，要以礼让的态度保持住。有勇有力震惊天下，要以谨慎之心保持住。财富巨大，要以谦让保持住。

不与居积人争富，不与进取人争贵，
不与矜饰人争名，不与少年人争英俊，
不与盛气人争是非。

【原注】
　　陈榕门云：皆退一步想。《谈古录》云：新吾先生五不争。其一曰：不与盛气人争是非。窃谓是非亦不可不争，但彼以盛气加之，我以和气应之，可也。程明道与王安石论新法不合，安石勃然发怒。明道霁色语之曰："天下事，非一人之私议，愿公平心以听之。"安石为之屈服。此与盛气人争是非之法也。

【译文】
　　不和囤积居奇的人比富，不和热心仕途的人争贵，不与矜夸饰非的人争名，不与少年人比仪容俊陋，不与争强好胜的人争是非。

富贵，怨之府也。才能，身之灾也。

声名,谤之媒也。欢乐,悲之渐也。

【原注】

只是常有惧心,退一步做,见益而思损,持满而思溢,则免于祸。

【译文】

钱财地位,往往成为聚集怨恨的渊薮。才华能力,常常就是招致灾祸的根由。声誉名望,往往成为引来毁谤的媒介。欢愉快乐,常常就是走向悲凉的开始。

浓于声色,生虚怯病。
浓于货利,生贪饕①病。
浓于功业,生造作病。
浓于名誉,生矫激②病。

【原注】

万病之毒,皆生于浓,吾以一味解之,曰:淡。夫鱼见饵不见钩,虎见羊不见阱,猩猩见酒不见人,非不见也,迷于其中,而不暇顾也。此心一淡,则艳冶之物不能移,热闹之境不能动。夫能知困穷抑郁,贫贱坷坎之为祥,则可与言道矣。

【注释】

①贪饕(tāo):贪得无厌。饕,饕餮,恶兽名,喻凶人。
②矫激:有违常情,奇异偏激。

【译文】

纵情声色之乐易生虚弱胆怯之病;热衷财物之利易生贪得无厌之病;追逐功利的人易生虚情假意之病;看重名誉的

人易生矫情偏激之病。

想自己身心，到后日置之何处；
顾本来面目，在古时像个甚人。

【原注】

方恪敏公云：人之为人，有几等，总要为不可少之人。若庸庸碌碌，可有可无，是谓醉生梦死，污秽天壤。虽富贵不足齿，数也。幸生其间者，不可不知有生之乐，亦不可不怀虚生之忧。

【译文】

想想自己的身心，死后置放何处；看看自己的本来面貌，在古时像什么人。

莫轻视此身，三才①在此六尺②；
莫轻视此生，千古在此一日。

【原注】

古语云：此生不向今生度，更向何生度此身？盖同此日也，以之作恶，则无穷之祸基于此日；以之为善，则不朽之业亦基于此日。苟不弃时，而此心快足，虽夕死何恨。不然，即百岁幸生也。

【注释】

①三才：即天、地、人。《易·说卦》："是以立天之道，曰阴与阳；立地之道，曰柔与刚；立人之道，曰仁与义。兼三才而两之，故《易》六画而成卦。"

②六尺：指身躯。

【译文】

不要轻视自己的身体,所有才华都蕴藏在此身中;不要轻视自己的一生,千古的功业都在此生建立。

醉酒饱肉,浪笑恣谈,却不错过了一日?
妄动胡言,昧理纵欲,讵不作孽了一日?

【原注】

无论造孽结怨,而把弥天盖地的力量,积庆重庥的日子,忙过错过,岂不可惜?

【译文】

饱食终日、宴乐无度、玩笑闲谈,难道不是白白活了这一天吗?随意言行、违背情理、放纵私欲,难道不是胡作非为过了这一天吗?

不让古人,是谓有志;
不让今人,是谓无量。

【译文】

不向古人低头,这叫有志气;不谦让今人,这叫没有气量。

一能胜千,君子不可无此小心;
吾何畏彼<sup>①</sup>,丈夫不可无此大志。

【注释】

①吾何畏彼:《孟子·滕文公上》:"彼丈夫也,吾丈夫也,

吾何畏彼哉?"
【译文】
少能胜多,君子不能没有这种戒心;我为什么怕他,大丈夫不能没有这样的志气。

怪小人之颠倒豪杰,不知惟颠倒方为小人;
惜君子之受世折磨,不知惟折磨乃见君子。

【原注】
或问:人遭患难,是不幸事?曰:患难亦是不经事人良药,明心炼性,通变达权,正在此处得力。人生最不幸处,是偶一失言而祸不及,偶一失谋而事幸成,偶一恣行而获小利,后乃视为故常,恬不为意,则败行丧检,莫大之患。

【译文】
责怪小人贬损豪杰,却不知正因贬损豪杰他才是小人;可怜君子受尽坎坷磨难,却不知只有在磨难中才能见出真君子。

经一番挫折,长一番识见。
容一番横逆,增一番器度。
省一分经营,多一分道义。
学一分退让,讨一分便宜。
去一分奢侈,少一分罪过。
加一分体贴,知一分物情。

【注释】

①物情:物理人情。

【译文】

经历一番挫折,增长一分见识。经历一次逆境,增加一分气度。减省一分心计,增多一分道义。学会一分退让,得到一分好处。去除一分奢侈,减轻一分罪过。多一分体贴,多了解一分世事人情。

不自重者取辱,不自畏者招祸,
不自满者受益,不自是者博闻。

【译文】

不自爱的人自取其辱,不畏惧的人招来灾祸,不自满的人得到裨益,不自矜的人博见多闻。

有真才者,必不矜才;
有实学者,必不夸学。

【译文】

有真才实学的人,必定不自傲自夸。

盖世功劳,当不得一个矜字;
弥天罪恶,最难得一个悔字。

【译文】

即使功高盖世,也不能居功自夸;尽管犯了弥天大罪,只要改悔也是难得的。

诿罪掠功，此小人事。
掩罪夸功，此众人事。
让美归功，此君子事。
分怨共过，此盛德事。

【原注】
　　陈榕门云：让美归功，功自易集；分怨共过，过亦何伤！此惟明于大体，而存心公恕者能之。

【译文】
　　推诿过错抢夺功劳，这是小人的行为。掩盖罪过炫耀功劳，这是一般人的行为。把好事和功劳谦让给别人，这是君子的行为。分担忧愁同当过错，这是大德之士的行为。

毋毁众人之名，以成一己之善；
毋没天下之理，以护一己之过。

【原注】
　　世之人常把好事让与他人做，而甘居己于不肖；又要掠个好名儿在身上，要诋他人为不肖。悲夫！是益其不肖也。今人有过，只在文饰弥缝上做工夫，费尽了无限巧回护，成就了一个真小人。

【译文】
　　不要诋毁众人的名声来成就个人的善名；不要冒犯天下的公理来庇护遮掩自己的过错。

大著肚皮容物，立定脚跟做人。
实处著脚，稳处下手。

【译文】

　　宽宏大量处事,坚定立场做人。脚踏实地,稳当行事。

　　读书有四个字最要紧,曰阙疑好问;
　　做人有四个字最要紧,曰务实耐久。

【译文】

　　读书最重要的是质疑好问;做人最重要的是踏踏实实,持之以恒。

　　事当快意处须转,言到快意时须住。

【原注】

　　殃咎之来,未有不始于快心者。故君子得意而忧,逢喜而惧。

【译文】

　　做事在得意的时候应有所警觉,以防乐极生悲;说话到最忘形的时候应立即停止,以防言多必失。

　　物忌全胜,事忌全美,人忌全盛。

【译文】

　　事物切忌达到顶点,做事切忌完善无缺,为人切忌全面强盛。

　　尽前行者地步窄,向后看者眼界宽。

【译文】

　　一味向前走的人路途会越来越狭窄，常常向后看的人则眼界宽广。

　　　　留有余不尽之巧，以还造化①。
　　　　留有余不尽之禄，以还朝廷。
　　　　留有余不尽之财，以还百姓。
　　　　留有余不尽之福，以贻子孙。

【注释】

　　①造化：创造化育，即自然。

【译文】

　　把多余的技巧还给大自然，把用不完的俸禄还给国家。把富余的财富还给百姓，把用不尽的福祉留给子孙。

　　　　四海和平之福，只是随缘；
　　　　一生牵惹之劳，总因好事。

【译文】

　　四海之内和平安定，这样的幸福只是随缘而得；一生牵挂烦恼的劳苦，总是为好管闲事所致。

　　　　花繁柳密处拨得开，方见手段；
　　　　风狂雨骤时立得定，才是脚跟。

【原注】

　　不见可欲时，人人都是君子。一见可欲，不是滑了脚跟，便是摆动念头。苟非中存有主，将自己的身家性命体贴一番，鲜有不堕入魔障者。先辈诗云：世上无知人欲险，几人到此误生平。沉溺者可以惊心回首矣。人当变故之来，只要静守，不宜躁动。即使万无解救，而志正守确，虽事不可为，而心终可白。否则必至身败而名亦不保，非所以处变之道。

【译文】

面对各种诱惑而能拒之于外，这才是聪明之举；面对艰难险恶而能站稳脚跟，这才是意志坚定。

步步占先者，必有人以挤之；
事事争胜者，必有人以挫之。

【译文】

任何事都要争先的人，必定有人排挤他；任何事都要争胜的人，必定遭人打击。

能改过，则天地不怒；
能安分，则鬼神无权。

【原注】

王文成公云：人果能一旦洗涤旧染，虽昔为寇盗，今日亦不害为君子。袁了凡云：从前种种，譬如昨日死；从后种种，譬如今日生。可为悔过者法。人能置身静稳中，即鬼神造化，亦奈何他不得。先辈诗云：守分身无辱，知几心自闲。

【译文】

做错了事只要能改过，那么天地也不会责怪；能安分守己地生活，那么鬼神也无力施威。

言行拟之古人，则德进。
功名付之天命，则心闲。
报应念及子孙，则事平。
受享虑及疾病，则用俭。

【译文】

效法古代圣贤的言行，就会改进德行。功名的得到与否听天由命，就会心神安闲。如果想到报应会殃及子孙后代，处事就会公平。担心过度享受会生病，日用就会节俭。

安莫安于知足，危莫危于多言。
贵莫贵于无求，贱莫贱于多欲。
乐莫乐于好善，苦莫苦于多贪。
长莫长于博谋，短莫短于自恃。
明莫明于体物，暗莫暗于昧几。

【译文】

最大的安逸莫过于知足常乐，最大的危险莫过于多言致祸；最可贵的莫过于无欲无求，最卑贱的莫过于欲念过多；最快乐的莫过于乐善好施，最痛苦的莫过于贪图钱财；最大的长处莫过于足智多谋；最大的短处莫过于自负自矜；最大的聪明莫过于体察万物，最大的昏庸莫过于不明征兆。

能知足者，天不能贫。
能忍辱者，天不能祸。
能无求者，天不能贱。
能外形骸者，天不能病。

能不贪生者，天不能死。
能随遇而安者，天不能困。
能造就人才者，天不能孤。
能以身任天下后世者，天不能绝。

【译文】
　　常知足的人，上天都不会使他贫穷。能忍辱的人，上天都不会降祸到他身上。能无所欲求的人，上天也不会让他卑贱。能不重形骸的人，上天也不会使他生病。不贪生怕死的人，上天也不会让他轻易死去。能随遇而安的人，上天也不会困扰他。能造就人才的人，上天也不会令他孤独。能负重任的人，上天也不会让他灭绝。

天薄我以福，吾厚吾德以迓①之。
天劳我以形，吾逸吾心以补之。
天危我以遇，吾享吾道以通之。
天苦我以境，吾乐吾神以畅之。

【注释】
　　①迓（yà）：迎接。《书·盘庚中》："予迓续乃命于天。"
【译文】
　　上天赐给我很少福泽，我以努力修养德行来弥补。上天让我的身躯劳苦，我就修炼得精神安逸来补偿。上天降灾祸予我使我遭危难之境，我就用我的处世之道来化解。上天使我的境遇困苦，我就使自己精神上快乐来疏导。

吉凶祸福，是天主张。

毁誉予夺，是人主张。
立身行己，是我主张。

【原注】
陈榕门云：在我者，勉之；在人者，听之；在天者，顺以受之而已。

【译文】
吉凶祸福由天而定。是非得失由人而定。立身处世取决于自己。

要得富贵福泽，天主张，由不得我；
要做贤人君子，我主张，由不得天。

【译文】
要得到富贵和福气，这是由天定而不由自己做主；要做圣贤君子，这是由自己定而由不得天。

富以能施为德，贫以无求为德，
贵以下人为德，贱以忘势为德。

【原注】
陈榕门云：四语合来，无非要人重仁义而轻势利。

【译文】
富贵之人以能施予为美德，贫贱之人以无所欲求为美德，高贵之人以能礼遇下人为美德，卑贱之人以能不趋势为美德。

护体面，不如重廉耻。

求医药，不如养性情。
立党羽，不如昭信义。
作威福，不如笃至诚。
多言说，不如慎隐微。
博声名，不如正心术。
恣豪华，不如乐名教。
广田宅，不如教义方①。

【注释】

①义方：义，法度；方，道理。《左传·隐公三年》："臣闻爱子，教之以义方。"

【译文】

爱惜体面，不如注重廉耻。寻医问药，不如怡养性情。结党营私，不如彰显信义。作威作福，不如笃厚真诚。多说话，不如谨小慎微。博取声名，不如端正心术。纵情于奢侈豪华，不如享名分教化之乐。广置田宅，不如教子民以理法。

行己恭，责躬①厚，接众和，立心正，进道勇，择友以求益，改过以全身。

【原注】

刘念台云：改过一法，是圣贤独步工夫。层层剥换，不登巅造极不已。常人耻闻过，卒归下流，悲夫！

【注释】

①躬：身。《诗·卫风·氓》："躬自悼矣。"

【译文】

行为举止谦恭，自我要求严格，对人亲切厚道，与人相处平和，心术端正，勇于修行学道，择友要对自身有益，改正错误以求完美。

敬为千圣授受真源；
慎乃百年提撕①紧钥②。

【注释】

①提撕：提醒，警觉。《颜氏家训·序致》："业以整齐门内，提撕子孙。"

②紧钥：关键。

【译文】

恭敬是圣贤们传授的真正秘诀，谨慎是百年警觉自身的关键。

度量如海涵春育，应接如流水行云。
操存如青天白日，威仪如丹凤祥麟。
言论如敲金戛石，持身如玉洁冰清。
襟抱如光风霁月，气概如乔岳泰山。

【译文】

一个人的度量应如大海容纳百川、春天化育万物，处事应如行云流水般坦然自若。节操应如青天白日般洁净光明，威仪之姿应像丹凤和麒麟般吉祥和瑞。言谈应如敲金击石般振振有声，修身应如珠玉般冰清纯洁。胸怀应如和风明月般坦荡，气概应如五岳泰山般宏伟。

海阔从鱼跃，天高任鸟飞，

非大丈夫不能如此度量！
振衣千仞①冈，濯足万里流，
非大丈夫不能有此气节！
珠藏泽自媚，玉韫②山含晖，
非大丈夫不能有此蕴藉！
月到梧桐上，风来杨柳边，
非大丈夫不能有此襟怀！

【注释】

①仞：古以七尺或八尺为仞。
②韫（yùn）：蕴。

【译文】

大海辽阔任鱼儿腾跃，天空高远任鸟儿飞翔，这种度量只有大丈夫才能有！在千仞高冈上弹去衣服上的灰尘，在万里长流中洗脚，这种气节惟大丈夫才能有！珍珠藏于水底自会展露它的美艳，玉石置于山中仍会显出光辉，这种蕴涵只有大丈夫才会有！如明月照在梧桐树上，如清风吹拂杨柳树，这种襟怀只有大丈夫才会有！

处草野①之日，不可将此身看得小；
居廊庙②之日，不可将此身看得大。

【注释】

①草野：指民间，与朝廷相对。王充《论衡·书解》："知屋漏者在宇下，知改失者在草野。"
②廊庙：指朝廷。廊为堂下四周的廊屋；庙即庙堂，指朝廷。

【译文】

　　身处民间时不能自轻自贱,身居显贵时不能自高自大。

　　　　只一个俗念头,错做了一生人;
　　　　只一双俗眼目,错认了一生人。

【原注】

　　陈榕门云:语云:凡病皆可医,惟俗不可医。正谓此也。

【译文】

　　只不过一个庸俗的念头,做人一生皆错;只因为一双庸俗的眼睛,一生都认错了人。

　　　　心不妄念,身不妄动,口不妄言,君子所以存诚。
　　　　内不欺己,外不欺人,上不欺天,君子所以慎独。
　　　　不愧父母,不愧兄弟,不愧妻子,君子所以宜家。
　　　　不负天子,不负生民,不负所学,君子所以用世。

【译文】

　　心无邪念,行不乱为,口不诳言,这是君子能诚信的原因。不自欺,不欺人,对上不欺苍天,这是君子能谨慎独处的原因。不愧对父母、兄弟、妻子儿女,这是君子能治家的原因。不辜负君主和老百姓的期冀,不负所学的知识,这是君子能承担社会责任的原因。

　　　　以性分言,无论父子兄弟,即天地万物,皆一体耳!
　　　　何物非我,于此信得及,则心体廓然[①]矣。
　　　　以外物言,无论功名富贵,即四肢百骸,亦躯壳耳!

何物是我，于此信得及，则世味淡然矣。

【注释】

①廓然：空阔貌。

【译文】

就本性而言，无论父子兄弟，还是天地万物，都是一体的。哪有什么东西与我不同？能领会这一点的人，他的身心自然清朗。就外物而言，无论功名富贵，还是四体形骸，只不过是躯壳罢了，哪有什么东西是我的？能认识这一点，就会淡然处世。

有补于天地曰功，有关于世教①曰名，
有学问曰富，有廉耻曰贵，是谓功名富贵。
无为曰道，无欲曰德，无习于鄙陋曰文，
无近于暧昧曰章，是谓道德文章。

【注释】

①世教：同名教。即社会礼教。

【译文】

对天地万物有所补益叫功，有关于世道说教叫名，有学问叫富，有廉耻叫贵，这就叫作功名富贵。无所作为叫道，无所欲求叫德，没有世俗的恶习叫文，有原则不暧昧叫章，这就叫作道德文章。

困辱非忧，取困辱为忧；
荣利非乐，忘荣利为乐。

【原注】

自君子观之，人欲是极苦的，天理是极甜的。小人反是，故从欲则如附膻，从理则若嚼蜡。

【译文】

被困受辱不值忧虑，自取困辱才该忧虑；荣誉利益不是快乐，忘却荣利才是快乐。

> 热闹华荣之境，一过辄生凄凉；
> 清真①冷淡之为，历久愈有意味。

【原注】

潘少白云：至理所在，入其中则乐见。若外饰之事，初见绚然，入其中则索然。真见道之言也。

【注释】

①清真：性情真挚纯洁。李白《古风诗》："垂衣贵清真。"

【译文】

热闹繁华的光景一过，往往就有凄凉之感；淡泊脱俗的生活，经历越久越有意味。

> 心志要苦，意趣要乐，
> 气度要宏，言动要谨。

【译文】

要有劳苦的心志，乐观的意趣，宏大的气度，谨慎的言行。

> 心术以光明笃实为第一，

容貌以正大老成为第一,
言语以简重真切为第一。

【原注】
陈榕门云：三者工夫，原是一串，其效验亦是一串，丝毫假借不得。
【译文】
用心最重要的是光明坦诚，外表最重要的是正直沉稳，说话最重要的是简洁真诚。

勿吐无益身心之语，勿为无益身心之事，
勿近无益身心之人，勿入无益身心之境，
勿展无益身心之书。

【原注】
田静持云：凡看理学之书，与养生之说，皆有切于日用，有助于性灵，不可作等闲放过。若冗屑书帙，无益性灵，徒损心目，不若闲观山水之为得也。
【译文】
不要说无益于身心的话，不要做无益于身心的事，不要接近无益于身心的人，不要进入无益于身心的环境，不要看无益于身心的书。

此生不学一可惜，此日闲过二可惜，
此身一败三可惜。

【原注】

少年不努力,年老徒悲伤,良可浩叹。吕新吾云:只竟夕检点,今日说得几句话,关系身心,行得几件事,有益世道,自慊、自愧、自恍然独觉矣。人能内反至此,决不虚度一生。吕新吾云:少年要想我现在干得甚么事,到头成个甚么人,便有许多恨心,许多愧汗,如何放得自家过!

【译文】

一生不学习,每天无所事事,终生一事无成,这是人生三件可惜的事。


　　　君子胸中所常体,不是人情是天理。
　　　君子口中所常道,不是人伦是世教。
　　　君子身中所常行,不是规矩是准绳。


【原注】

且莫论身体力行,只听随在聚谈闲,曾有几个说天下国家、身心性命、正经道理。终日哓哓剌剌,满口都是闲谈乱语。吾辈试一猛省,士君子在天地间,可否如此度日?一入儒者之门,自当从言规行矩始。

【译文】

君子心中常常体察到的,不是人情而是天理。君子口中经常称道的,不是人伦秩序而是世间法理。君子所奉行的,不是规章制度而是道德准绳。


　　　休诿罪于气化①,一切责之人事;
　　　休过望于世间,一切求之我身。

【原注】

陈榕门云：亟亟于所当尽，而不役役于所不可知也。

【注释】

①气化：气运造化，即命运。

【译文】

不要把过错推诿于自然造化，一切应从人事方面寻找根源；不要过高期望世人外物，一切都要靠自己努力。

<blockquote>
自责之外，无胜人之术；<br>
自强之外，无上人之术。
</blockquote>

【原注】

其胜人、上人之本领，正于其自责自强处见之。

【译文】

除了严于自责之外，没有别的能战胜别人的方法；除了自强不息之外，没有别的能超越别人的方法。

<blockquote>
书有未曾经我读，事无不可对人言。
</blockquote>

【原注】

平生无一事可瞒人，此是大快乐。

【译文】

有我未读的书，没有不可告人的事。

<blockquote>
闺门①之事可传，而后知君子之家法矣；<br>
近习②之人起敬，而后知君子之身法矣。
</blockquote>

【原注】

其作用处，只是毋不敬。

【注释】

①闺门：指私室。
②近习：亲近。

【译文】

家中之事可以外传，这才知道君子的治家之法；亲近的人对他肃然起敬，然后可知君子的修身之法。

门内罕闻嬉笑怒骂，其家范可知；
座右遍书名论格言，其志趣可想。

【原注】

朱子云：圣贤之言，常将眼头过，口头转，心头运。袁了凡云：凡人居家，几案上须有劝善书，或先贤格言一册，俾朝夕翻阅。可以收摄身心，扩充善念，获益不浅，而于教子弟辈，尤为要紧。程子云：古之人，自能食能言而教之。是故大学之法，以豫为先。盖幼年心性未定，却以先入之言为主。为父兄师长者，则当以格言至论，日陈于前，与之朝夕而讲论之，日复一日，盈耳充腹。久之义理浃洽浸灌，不知不觉，入于圣贤之路矣。若为之不豫，偏好之见生于内，嗜欲之缘接于外，欲其不染于习俗也难矣。

【译文】

家门之内很少听得见嬉笑怒骂声，这家的家规之严可想而知；书桌上满是座右铭或格言，此人志趣之高可想而知。

慎言动于妻子仆隶之间，

检身心于食息起居之际。

【原注】

陈榕门云：二者皆人所易忽，于此处亦有操持，则无时敢忽。故观人每于所忽。

【译文】

在妻子儿女仆佣面前谨慎自己的言行，在饮食起居的小节处检点自己的身心修养。

语言间尽可积德，妻子间亦是修身。

【译文】

与人谈话时完全可以积累德行，与妻子儿女相处也可修养自己的身心。

昼验之妻子，以观其行之笃与否也；
夜考之梦寐，以卜其志之定与否也。

【译文】

白天以其妻子儿女来验证，观察他的行为是否笃实；晚上考察其睡梦，以推测他的志向是否坚定。

欲理会七尺，先理会方寸①；
欲理会六合②，先理会一腔。

【注释】

①方寸：指人的心。《三国志·蜀志·诸葛亮传》："亮与徐庶并从，为曹公所追破，获庶母。庶辞先主而指其心曰：'本欲与将军共图王霸之业也，以此方寸之地也。今已失老母，方寸乱矣，无益于事，请从此别。'"

②六合：天地四方。泛指天下之事。《庄子·齐物论》："六合之计，圣人存而不论。"

【译文】

要理解一个人，就要先懂得他的心；要理解天下，就要先懂得自己。

世人以七尺为性命，君子以性命为七尺。

【译文】

凡俗之人以七尺身躯为性命，而君子则以万物的性命为自身之体。

气象要高旷，不可疏狂。
心思要缜密，不可琐屑。
趣味要冲淡，不可枯寂。
操守要严明，不可激烈。

【译文】

气度要高远宽宏，但不可以粗疏狂妄。用心要缜密，但不可以琐碎。趣味要淡雅，但不可枯燥乏味。节操要谨严明白，但不可以过于激烈。

聪明者戒太察，刚强者戒太暴，
温良者戒无断。

【原注】
古人云：当断不断，反受其乱。
【译文】
聪明的人不能太精明，刚强的人不能太暴躁，温和善良的人不能太优柔寡断。

勿施小惠伤大体，毋借公道遂私情。
以情恕人，以理律己。

【译文】
不要因施舍小恩小惠而破坏大局损害义理，不要做假公济私的事。依情理宽恕别人，以义理约束自我。

以恕己之心恕人则全交①，
以责人之心责己则寡过。

【注释】
①全交：保全交谊。《礼记·曲礼》："君子不尽人之欢，不竭人之忠，以全交也。"
【译文】
以宽恕自己的心态宽恕别人，就能保全交谊；以责怪他人之心来责怪自己，就会少犯错。

力有所不能，圣人不以无可奈何者责人；

> 心有所当尽，圣人不以无可奈何者自诿。

【原注】

陈榕门云：此即躬自厚而薄责于人也。人每相反出之，故终其身。惟见人之不如己意，不见己之不如人意。张子所云：以责人之心责己，以恕己之心恕人，则尽道是也。

【译文】

尽力而为却不能成功，圣人不会因为无能为力的缘故责备他人；心应尽而未尽，圣人不会以无能为力为借口来推诿自己的责任。

> 众恶必察，众好必察，易。
> 自恶必察，自好必察，难。

【原注】

陈榕门云：察于众好众恶者，不肯轻信人言；察于自好自恶者，不肯偏执己见。二者合而好恶乃得其真矣。

【译文】

别人的缺点好坏容易看清，自己的缺点好坏却很难明察。

> 见人不是，诸恶之根。
> 见己不是，万善之门。

【原注】

唐荆川《与弟书》云：居常但见人之过，不见己过，此学者公共病痛，亦学者切骨病痛。自后读书做人，须要刊刻检点自家病痛。盖所恶于人，许多病痛处，若真知反己，则色色有之也。

【译文】

　　只见到别人的缺点看不见自己的缺点，这是万恶之根源。能看见自己的缺点，这才是养成美好品德的根本。

　　　　不为过三字，昧却多少良心！
　　　　没奈何三字，抹去多少体面！

【原注】

　　四语意味无穷，非老于世务者不知。

【译文】

　　"不为过"三个字，蒙蔽了多少良心！"无奈何"三个字，掩饰了多少体面！

　　　　品诣常看胜如我者，则愧耻自增；
　　　　享用常看不如我者，则怨尤自泯。

【译文】

　　常看修养品德比自己强的人，就会增加羞耻之心；常看物质享受不如自己的人，埋怨之情自然会泯灭。

　　　　家坐无聊，亦念食力担夫红尘赤日。
　　　　官阶不达，尚有高才秀士白首青衿①。

【原注】

　　退一步想，大有味，唯知足者能之。先辈诗云：欲除烦恼先忘我，各有因缘莫羡人。真得自在之乐。

【注释】

①青衿：代称学子。《诗·郑风·子衿》："青青子衿。"毛传："青衿，青领也。学子之所服。"

【译文】

在家无聊闲坐，应想到靠力气吃饭的担夫在烈日灰尘中辛劳；官位不显赫，要想到还有怀才之士白了头依然是平民百姓。

> 将啼饥者比，则得饱自乐；
> 将号寒者比，则得暖自乐；
> 将劳役者比，则悠闲自乐；
> 将疾病者比，则康健自乐；
> 将祸患者比，则平安自乐；
> 将死亡者比，则生存自乐。

【原注】

此养生自在法门也。

【译文】

和饥饿的人相比，那么能吃饱了就该快乐；和经受寒冷的人相比，那么能得到温暖就该感到快乐；和服劳役的人相比，能得悠闲就该快乐；和疾病缠身的人相比，能有健康的身体就该快乐；和遭祸患的人相比，平安无事就该快乐；和死去的人相比，活着就应该快乐。

> 常思终天抱恨，自不得不尽孝心。
> 常思度日艰难，自不得不节费用。
> 常思人命脆薄，自不得不惜精神。

常思世态炎凉,自不得不奋志气。
常思法网难漏,自不得不戒非为。
常思身命易倾,自不得不忍气性。

**【译文】**

常想到会悔恨终生,就不能不尽孝心。常想到度日的艰难,就不能不节约费用。常想到人的生命脆弱,就不能不珍惜心神。常想到世态炎凉,就不能不立志奋发。常想到法网难逃,就不能不戒胡作非为。常想到生命易逝,就不能不忍气耐性。

以媚①字奉亲,以淡字交友,
以苟字省费,以拙字免劳,
以聋字止谤,以盲字远色,
以吝字防口,以病字医淫,
以贪字读书,以疑字穷理,
以刻字责己,以迂字守礼,
以恒字立志,以傲字植骨,
以痴字救贫,以空字解忧,
以弱字御侮,以悔字改过,
以懒字抑奔竞②风,以惰字屏尘俗事。

**【原注】**

此二十字,皆人所深恶之者,今乃假鸩毒为参术,变臭壤为金丹,真觉老大受用,讨尽便宜。

**【注释】**

①媚:爱。《诗·大雅·下武》:"媚兹一人。"

②奔竞：奔走竞争，指追求名利。

【译文】

用敬爱奉养父母，用平淡之心交往朋友，用简朴节省费用，用朴拙免却辛劳，用装聋制止诽谤，用扮盲远离美色，用少言防止口舌，用怕生病的心理医治淫欲，用贪心读书，用存疑穷理，用苛刻要求自己，用持久遵守礼教，用恒心树立志向，用傲气培植风骨，用痴愚救治贫困，用虚无排解忧愁，用软弱防止欺侮，用悔悟改正过错，用散淡抑制追逐名利，用懒惰摒弃世俗的事情。

> 对失意人，莫谈得意事；
> 处得意日，莫忘失意时。

【译文】

对失意的人不要谈论得意的事；得意的时候不要忘记失意的日子。

> 贫贱是苦境，能善处者自乐；
> 富贵是乐境，不善处者更苦。

【译文】

贫贱是苦难的境界，善于正确对待，则能安贫乐道、自得其乐；富贵是快乐的境地，但不善于正确对待，则会更加痛苦。

> 恩里由来生害，故快意时须早回头；
> 败后或反成功，故拂心①处莫便放手。

【注释】

①拂心：不顺心。拂，逆。

【译文】

恩宠是产生祸害的根源，所以高兴得意之时须早早回头；失败后反倒有可能成功，所以烦心之处不能轻易放手。

> 深沉厚重，是第一等资质。
> 磊落豪雄，是第二等资质。
> 聪明才辩，是第三等资质。

【译文】

深沉稳重，是第一等品质。光明磊落、豪迈雄健，是第二等品质。聪明能辩，是第三等品质。

上士忘名，中士立名，下士窃名①。

【原注】

忘名者，体道合德，享鬼神之福佑，非所以求名也。立名者，修身慎行，惧荣观之不显，非所以攘名也。窃名者，厚貌深奸，干浮华之虚称，非所以得名也。

【注释】

①上士、中士、下士：官名，周朝官制。《礼记·王制》："诸侯之上大夫卿、下大夫、上士、中士、下士凡五等。"此指贤士、凡人和愚人。

【译文】

品行高尚的贤士不在乎名声，平凡百姓追求名声，愚人窃取名声。

上士闭心，中士闭口，下士闭门。

【译文】

贤士应内心无所欲求，凡人应不乱说话，愚人应闭门不出。

好讦①人者身必危；自甘为愚，适成其保身之智。
好自夸者人多笑；自舞②其智，适见其欺人之愚。

【注释】

①讦（jié）：揭发别人的隐私。
②舞：舞弄、玩弄。

【译文】

喜好诋毁别人的人必危及自身；自甘为愚的人，其愚恰恰成了保全其身的智慧；喜欢自夸的人多遭人耻笑；喜好耍小聪明的人，恰恰显露出他自欺欺人的愚蠢。

闲暇出于精勤，恬适出于祗惧。
无思出于能虑，大胆出于小心。

【译文】

闲暇出于业精学勤，安逸舒适出于恭敬与畏惧。无烦恼出于能多虑，大胆出于小心谨慎。

平康之中，有险阴焉。
衽席①之内，有鸩毒焉。
衣食之间，有祸败焉。

【原注】

祸患之伏,不在于经意处,正在于大意处。明哲之士,只在意外做工夫,故称万全而无弊。

【注释】

①衽席:卧席,引申为睡觉的地方。《庄子·达生》:"人之所取畏者,衽席之上,饮食之间,而不知为之戒者,过也。"

【译文】

平安之中有危险暗藏其中,枕席之内有剧毒藏其中,衣食住行间有祸患不利在其中。

居安虑危,处治思乱。

【原注】

钱志驷《君子怀刑题文》开讲云:凡自恕之人,皆日蹈于刑而不知忧,日幸免于刑而不知愧。又收束二小比:人力有欲自肆,几疑朝夕补救之迂,而孰知惟此制心之可保;人至无地自容,始悟名教从容之乐,而岂若先乎虑患之为安。学问有得之语,当从战兢惕厉中来,真有功世道之文也。

【译文】

居于安定之境要考虑到危险,处于太平盛世要想到乱世。

天下之势,以渐而成;
天下之事,以积而固。

【原注】

自古天下、国家、身之败亡，不出"积渐"二字。积之微，渐之始，可为寒心哉！是以君子重小损，矜细行，防微蔽。吕新吾云：人情之所易忽者，莫如渐。天下之大可畏者，亦莫如渐。周郑交质，若出于骤然。天子虽孱懦甚，亦必有恧心。诸侯虽豪横极，岂敢萌此念。迨积渐渐所成，餍流不觉至是。故步视千里为远，前步视后步为近。千里者，步步之积也，是以骤者举世所惊，渐者圣人独惧。明以烛之，坚以守之，毫发不以假借，此慎渐之道也。

【译文】

天下的大势，是逐渐形成的；世上的事功，是一点点积累而成的。

祸到休愁，也要会救；
福来休喜，也要会受。

【原注】

徒愁何益，救得一分是一分。空喜则福可为灾，能受则福且未艾。

【译文】

遇到祸患不要忧愁，要会补救；遇到喜事不要太高兴，要能够消受。

天欲祸人，先以微福骄之；
天欲福人，先以微祸儆之。

【译文】

　　上天要降祸予人，就先给予他一点点福气使他骄纵；上天要赐福予人，先给他一点点小祸患使他有所戒备。

　　傲慢之人骤得通显，天将重刑之也；
　　疏放之人艰于进取，天将曲赦之也。

【译文】

　　傲慢的人突然显达，上天将重重地惩罚他。疏才放纵的人能艰苦进取，上天也会宽恕成全他。

　　小人亦有坦荡荡①处，无忌惮是已。
　　君子亦有长戚戚②处，终身之忧是已。

【原注】

　　陈榕门云：迹相似而实不相同，人禽之分在此。

【注释】

　　①坦荡荡：坦然宽广的样子。
　　②长戚戚：多忧惧的样子。《论语·述而》："子曰：君子坦荡荡，小人长戚戚。"

【译文】

　　小人也有胸襟坦荡之处，因他肆无忌惮罢了。君子也有常忧愁的时候，因为他终生忧国忧民。

　　水，君子也。其性冲①，其质白，其味淡。
　　其为用也，可以浣不洁者而使洁。
　　即沸汤者投以油，亦自分别而不相混，诚哉君子也。

油,小人也。其性滑,其质腻,其味浓。

其为用也,可以污洁者而使不洁。

倘滚油中投以水,必至激博而不相容,诚哉小人也。

【原注】

形容尽致,推勘入微。明此,可以立身,可以观人。

【注释】

①冲:虚。《老子》:"道冲而用之,或不盈。"

【译文】

水,象征君子,其本性冲淡,本质洁白,味道清淡。而它的用处,可以使不干净的东西变清洁。即使在滚烫的热水中放入油,二者也不会混合,这就是君子的本性。油,象征小人,其性情圆滑,品质黏腻,味道浓厚。它的用处是可以使干净的东西变得污浊。假若在滚烫的油中放入水,二者必然相激搏而不相容,这确像小人的本性。

凡阳必刚,刚必明,明则易知;

凡阴必柔,柔必暗,暗则难测。

【原注】

人心宽平则光明,狭险则幽暗。君子小人相反,只在阳明阴暗之间。故圣人衍《易》,以阳为君子,以阴为小人。尝观天下之人,其光明正大,疏畅明达,磊磊落落,无纤介可疑者,必君子也;而其依阿渳涊,回互隐伏,闪烁狡狯,不可方物者,必小人也。

【译文】

凡是阳性的必定刚强,刚强就一定光明,光明则容易看清楚；凡是阴性的必定柔弱，柔弱就必定阴暗，阴暗就难以推测。

称人以颜子，无不悦者，忘其贫贱而夭；
指人以盗跖，无不怒者，忘其富贵而寿。

【原注】
　　人心好善恶恶之同然如此，而作人却与盗跖同归，何恶其名而好其实耶！
【译文】
　　称别人为颜子，没有人不高兴，不在意颜回贫穷而短命；指责别人为盗跖，没有人不发怒，忽略了盗跖富贵而长寿。

事事难上难，举足常虞失坠；
件件想一想，浑身都是过差。

【译文】
　　做任何事都有难处，每行动一步都要考虑是否有闪失；想想所做的每件事，发现件件都有失误。

怒宜实力消融，过要细心检点。

【译文】
　　有愤怒应当尽可能消除，有过错要细心检讨过失。

探理宜柔，优游①涵泳②，始可以自得；
决欲宜刚，勇猛奋迅，始可以自新。

【注释】

①优游：闲暇自得的样子。《诗经·小雅·白驹》："慎尔优游。"

②涵泳：沉溺，指潜心。《文选·吴都赋》："涵泳乎其中。"

【译文】

探寻事理应当优柔，从容不迫潜心研究，才可以心有所得。断决欲念应当坚决果断，勇敢猛烈奋发迅疾，方能自新。

> 惩忿窒欲，其象为损①，得力在一忍字；
> 迁善改过，其象为益②，得力在一悔字。

【原注】

能惩能窒，即是改过；改之又改，以至于寡，即是迁善；寡之又寡，以至于无，即是至善。

【注释】

①损：六十四卦之一。卦义为减损。孔颖达《周易正义》："损者，减损之名。"

②益：六十四卦之一。卦义为增加、补足。孔颖达《周易正义》："益者，增足之名。损上益下，故谓之益。"

【译文】

克制忿怒，抑制欲念，卦象为"损"，重要的是一个忍字；改邪从善，卦象为"益"，重要的是一个悔字。

> 富贵如传舍①，惟谨慎可得久居；
> 贫贱如敝衣，惟勤俭可以脱卸。

【原注】

英锐者,造物得而折之;谨慎者,鬼神不得而乘之。谨慎二字,圣贤大学问在此,豪杰大作用亦在此。朱柏庐云:勤与俭,治生之道也,不勤则寡入,不俭则妄费。寡入而妄费,则财匮;财匮则苟取。愚者为寡廉鲜耻之事,黠者入行险侥幸之途,生平行止,于此而丧,祖宗家声,于此而坠,绝自己生理。又况一家之中,有妻有子不能以勤俭表率,而使相趋于奢惰,则自绝其生理,而又绝妻子之生理矣。以此思勤,安得不勤!以此思俭,安得不俭!

【注释】

①传舍:驿舍,客舍。

【译文】

富贵如旅店,只有谨慎勤劳才可以久居其中;贫贱如破衣服,只有勤俭才能得以摆脱。

俭则约,约则百善俱兴;
侈则肆,肆则百恶俱纵。

【译文】

勤俭就有约束,有约束那么各种好事就会盛行;奢侈就会放肆,放肆则各种坏事都会泛滥。

奢者富不足,俭者贫有余;
奢者心常贫,俭者心常富。

【原注】

奢俭之有关心境也如此。

【译文】

　　奢侈者虽富有常嫌不足,节俭者虽贫穷却有余藏;奢侈者心中常觉贫困,节俭者心中常感富足。

　　　　贪饕以招辱,不若俭而守廉。
　　　　干①请以犯义,不若俭而全节。
　　　　侵牟②以聚怨,不若俭而养心。
　　　　放肆以遂欲,不若俭而安性。

【注释】

　　①干:求取。《论语·为政》:"子张学干禄。"
　　②侵牟:掠夺。

【译文】

　　贪心不知足易招致侮辱,不如节俭而操守廉洁。求取功名而违犯正义,不如节俭而保全气节。巧取豪夺而招致积怨,不如节俭而养心性。放纵自己满足欲望,不如节俭而安定性情。

　　　　静坐然后知平日之气浮;
　　　　守默然后知平日之言躁;
　　　　省事然后知平日之心忙;
　　　　闭户然后知平日之交滥;
　　　　寡欲然后知平日之病多;
　　　　近情然后知平日之念刻。

【译文】

　　静坐的时候才知道平日心浮气躁;独自待着不说话才知

道平日言语急躁；减少事务才知道平日心情忙乱；闭门谢客才知平日交友泛滥；少欲望才知道平日疾病缠身；近人情才知道平日待人处世苛刻。

无病之身，不知其乐也，病生始知无病之乐。
无事之家，不知其福也，事至始知无事之福。

【译文】

身体健康没病的时候，不知没病的快乐，生了病才知道。家里平安无事时，不知道这是无事的幸福，出了事才明白。

欲心正炽时，一念著病，兴似寒冰；
利心正炽时，一想到死，味同嚼蜡。

【译文】

欲念正旺盛时，一想到将会疾病缠身，情致即刻冷如寒冰；逐利之心正旺盛时，一想到总有一死，就感到索然无味。

有一乐境界，即有一不乐者相对待；
有一好光景，便有一不好底相乘除。

【原注】

只是寻常茶饭，实地风光，才是安乐窝。胡文定公云：人家最不要事事足意，常有些不足处方好；才事事足意，便有不好事出来。历试历验。

【译文】

有一种快乐的境况，就有一个不快乐的方面与之相对；

有一种好光景,便有不好的一面与之相抵消。

　　　　事不可做尽,言不可道尽,
　　　　势不可倚尽,福不可享尽。

【原注】
　　邵康节诗云:美酒饮教微醉后,好花看到半开时。最为亲切有味。
【译文】
　　做事不能做绝,说话不能说破,势力不能用尽,福气不能享完。

　　　　不可吃尽,不可穿尽,不可说尽;
　　　　又要懂得,又要做得,又要耐得。

【原注】
　　粗浅语,却不容易做到。
【译文】
　　生活上,不能吃尽穿绝,说话要留余地;处事上,既要理解,又要做到,遇到不顺心的事能忍耐。

　　　　难消之味休食,难得之物休蓄。
　　　　难酬之恩休受,难久之友休交。
　　　　难再之时休失,难守之财休积。
　　　　难雪之谤休辩,难释之忿休较。

【译文】

难消化的食物不要吃,难得到的财物不要收藏。难回报的恩惠不要接受,难长久的朋友不要交往。难再得的机会不要错失,难看守的财富不要积攒。难澄清的诽谤不要争辩,难释怀的愤怒不要计较。

饭休不嚼便咽,路休不看便走,
话休不想便说,事休不思便做,
衣休不慎便脱,财休不审便取,
气休不忍便动,友休不择便交。

【译文】

吃饭别不嚼就咽,走路别不看就走,话别不想就说,事别不想就做,衣服别不慎就脱,钱财不要随便就取,气不要不忍就发,朋友不要不择就交。

为善如负重登山,志虽已确,而力犹恐不及;
为恶如乘骏走坂,鞭虽不加,而足不禁其前。

【译文】

做善事就如同负重登山,志向虽然已确立,但还恐怕力所不及;作恶犹如乘着骏马下坡,虽不加鞭,但马蹄不停地向前。

防欲如挽逆水之舟,才歇手,便下流;
为善如缘无枝之树,才住脚,便下坠。

【原注】

君子之心，无时而不敬畏者以此。

【译文】

止欲念正如拉逆水之舟，稍一停手便往下退去；行善事正如攀爬没有枝干的树，才停住脚便往下掉。

胆欲大，心欲小，智欲圆，行欲方。

【原注】

见义勇为，文理密察，应物无滞，截然有执。

【译文】

胆识要大，心思要细，智慧要圆润，行为要方正。

真圣贤，决非迂腐；
真豪杰，断不粗疏。

【译文】

真正的圣贤之士绝不迂腐呆板；真正的豪杰英雄绝不粗鲁疏略。

龙吟虎啸，凤翥①鸾翔，大丈夫之气象；
蚕茧蛛丝，蚁封蚓结，儿女子之经营。

【注释】

①翥：飞举。《楚辞·远游》："鸾鸟轩翥而翔飞。"

【译文】

龙吟虎啸、凤鸾翱翔，这是大丈夫的气象；蚕结茧、蜘蛛吐丝、蚂蚁筑巢、蚯蚓纠结，这是小孩子的心思。

格格不吐，刺刺不休，
总是一般语病，请以莺歌燕语疗之；
恋恋不舍，忽忽若忘，
各有一种情痴，当以鸢飞鱼跃化之。

【译文】
　　吞吞吐吐或喋喋不休，都是一般的说话毛病，请用悦耳之音去治疗；恋恋不舍或恍恍惚惚若有所忘，都是一种情痴，要以鸢飞鱼跃的开阔气度来化解。

问消息于蓍龟①，疑团空结；
祈福祉于奥灶②，奢想徒劳。

【原注】
　　《慈湖先训》云：心吉则百事俱吉。古人于为善者曰吉人，是此人通体皆吉。世间凶神恶煞，如何干犯得他？真乃窥见本原之确论也。刘念台云：《易经》所言趋吉避凶者，盖趋善而避恶也。今人解吉凶，都说向人事上去，大错。

【注释】
　　①蓍龟：古代占卜用具，筮用蓍草，卜用龟甲。《易·系辞上》："探迹索隐，钩深致远，以定天下之吉凶，成天下之微微者，莫大乎蓍龟。"
　　②奥灶：奥，房屋西南角曰奥。古时尊长居之，祭神方位。灶，神所居处。《论语·八佾》："与其媚于奥，宁媚于灶。"

【译文】

用蓍草和龟甲卜问凶吉，徒劳地空结疑团；向鬼神祈求福祉，也是妄想徒劳。

谦，美德也，过谦者怀诈；
默，懿行①也，过默者藏奸。

【原注】

谦不中礼，所损甚多。若能于礼字中，求一中字，则过与不及皆非矣。鹰立如睡，虎行如病，乃是他攫人噬人的手段。奸恶之辈，多此形态，不可不知。

【注释】

①懿行：善行。

【译文】

谦虚是美德，但过于谦虚的人心怀狡诈；缄默是嘉行，但过于沉默的人胸藏奸邪。

直不犯祸，和不害义。

【译文】

正直不会招惹祸患，平和不会伤害道义。

圆融者无诡随①之态，精细者无苛察之心，
方正者无乖拂②之失，沉默者无阴险之术，
诚笃者无椎鲁③之累，光明者无浅露之病，
劲直者无径情④之偏，执持者无拘泥之迹，
敏练者无轻浮之状。

【原注】

有所长，而矫其长之失，此是全才，是善学。陈榕门云：人有一长处，即有一病处；其病处即在所长之中。长善救失，全凭学问。

【注释】

①诡随：不顾是非而妄随人。

②乖拂（bì）：乖戾不正。拂，同"弼"。

③椎鲁：鲁莽迟钝。

④径情：肆意，任性而为。

【译文】

圆通随和的人没有诡诈的形态，精明细致的人没有苛刻检察的心态，正直端正的人没有乖戾违逆的缺陷，沉默少言的人没有阴险的心术，诚信笃实的人没有愚蠢鲁钝的牵累，光明正大的人没有浅显直露的毛病，刚直的人没有恣情任意的褊狭，有主见的人没有拘泥的毛病，聪敏练达的人没有轻浮的举动。

才不足则多谋，识不足则多事，
威不足则多怒，信不足则多言，
勇不足则多劳，明不足则多察，
理不足则多辨，情不足则多仪。

【译文】

才勇不够的人就多思虑，识见不够的人就多生事，威严不足的人就好发怒，信义不够的人就多说话，勇气不足的人就多劳累，聪明不够的人就多审察，道理不足的人就多辨析，情分不够的人就多礼仪。

私恩煦①感,仁之贼②也。
直往轻担,义之贼也。
足恭伪态,礼之贼也。
苛察歧疑,智之贼也。
苟约固守,信之贼也。

【原注】

此五贼者,破道乱政,圣门斥之。后世儒者,往往称之以训世,无识也夫。

【注释】

①煦:恩惠。
②贼:伤害。《诗·大雅·抑》:"不僭不贼,鲜不为则。"

【译文】

恩惠施予个人,这是对仁善的伤害;轻率而为却不担责任,这是对义的伤害;伪装成恭敬之态,这是对礼的伤害;苛察而多疑,这是对智的伤害;坚守苟且之约,这是对诚信的伤害。

有杀之为仁,生之为不仁者。
有取之为义,与之为不义者。
有卑之为礼,尊之为非礼者。
有不知为智,知之为不智者。
有违言为信,践言为非信者。

【原注】

陈榕门云:以义理为权衡,则轻重大小之间,看得不爽,行得不错。妇人之仁,匹夫之义,拘谨之礼,穿凿之智,硁砭之信,总为不权衡于义理耳!
【译文】
有杀生为仁,使之活就不是仁的。有索取为义,给予为不义的。有鄙贱为礼,尊崇就是非礼的。有以不知道为智,知道了为不智的。有违背誓言为诚信,实践诺言就是不诚信的。

愚忠愚孝,实能维天地纲常,
惜不遇圣人裁成,未尝入室;
大诈大奸,偏会建世间功业,
倘非有英主驾驭,终心跳梁。

【译文】
愚忠愚孝确实能维系天地间的伦常,可惜没有圣人栽培,不能登堂入室;大奸诈者,偏能建立世间功业,若不是有英明君主的领导,他们最终必成跳梁小丑。

知其不可为而遂委心任之者,达人智士之见也;
知其不可为而亦竭力图之者,忠臣孝子之心也。

【原注】
陈榕门云:其知可及,其愚不可及。盖指此种。
【译文】
知道事情做不成,于是顺其自然,这是聪明人的高见;知道事情做不成,却竭尽全力去做,这是忠臣孝子的诚心。

小人只怕他有才,有才以济之,流害无穷;

君子只怕他无才，无才以行之，虽贤何补？

【译文】

　　只怕小人有才，有才能来实现他的野心，将后患无穷；只怕君子无才，没有才能来推行他的主张，即使贤德又有什么益处呢？

# 格言联璧

# 摄生（附）

慎风寒，节饮食，是从吾身上却病法；
寡嗜欲，戒烦恼，是从吾心上却病法。

【原注】

养生以养心为主，而养心又在凝神。神凝则气聚，气聚则形全。若日逐劳扰忧烦，神不守舍，则易至衰老，且百病从此生矣。一收视返听，凝神于太虚，无一毫杂思妄念，神入气中，气与神合，则气息自定，神明自来，不过片响间耳。

【译文】

谨防风寒，节俭饮食，这是从自己身体上驱除疾病的方法；减少贪欲，戒除烦恼，这是从自己心理上驱除疾病的方法。

少思虑以养心气，寡色欲以养肾气，
勿妄动以养骨气，戒嗔怒以养肝气，
薄滋味以养胃气，省言语以养神气，
多读书以养胆气，顺时令以养元气。

【原注】

凡人元气已索，而血肉未溃，饮食起居，不甚觉也。一旦外邪袭之，溘然死矣。不怕千日怕一旦，一旦者，千日之积也。千日可为，一旦不可为矣。故慎于千日，正以防其一旦耳。

【译文】

减少思虑以养心气，减少色欲以养肾气，不妄动以养骨气，戒除发怒以养肝气，清淡饮食以养胃气，少说话以养神气，多读诗书以养胆气，顺应时令以养元气。

忧愁则气结，愤怒则气逆，恐惧则气陷，
拘迫则气郁，急遽则气耗。

【原注】

是惟心平气和，斯为载道之器。

【译文】

忧愁会使心气郁结，愤怒会使心气不顺，恐惧会使心气低沉，压抑会使心气郁闷，急速会使心气消耗。

行欲徐而稳，立欲定而恭，
坐欲端而正，声欲低而和。

【原注】

善养气者，常于动中习静，使此身常在太和元气中，久久自有圣贤气象。

【译文】

行动要慢而稳重，站立要端直而谨恭，坐姿要平正，声音要低缓温和。

心神欲静，骨力欲动，
胸怀欲开，筋骸欲硬，
脊梁欲直，肠胃欲净，
舌端欲卷，脚跟欲定。
耳目欲清，精魂欲正。

【译文】

　　心神要宁静，骨力要灵动，胸怀要开阔，筋骨要强硬，脊梁要端直，肠胃要洁净，舌尖要卷曲，脚跟要稳定，耳目要清朗，精神要正直。

　　　多静坐以收心，寡酒色以清心，去嗜欲以养心，玩古训以警心，悟至理以明心。

【译文】

　　要常常静坐以收心，少沾酒色以清心，摒除贪欲以养心，品味古训以警心，悟道理以明心。

　　　宠辱不惊，肝木①自宁。
　　　动静以敬，心火自定。
　　　饮食有节，脾土不洩。
　　　调息寡言，肺金自全。
　　　恬淡寡欲，肾水自足。

【注释】

　　①肝木：五脏与五行相配，肝属木，故云"肝木"。下文"心火""脾土""肺金""肾水"同。

【译文】

　　恩宠荣辱不必惊慌，则肝脏安宁。行坐皆诚敬，则心火平定。饮食有节制，则脾胃不生病。调整气息少说话，则养肺。恬淡少欲，则肾水充足。

　　　道生于安静，德生于卑退，

福生于清俭，命生于和畅。

【译文】

道于安静中领悟，德于谦让中养成，福于清心俭省中积累，命于平和舒畅中保全。

天地不可一日无和气，
人心不可一日无喜神。

【原注】

人常和悦，则心气恬而五脏安，昔人所谓养欢喜神。何文端公时，曾有乡人过百岁，公叩其术。答曰：予乡村人，无所知，但一生只是喜欢，从不知忧恼。此真是养生要诀者。每日胸中一团太和元气，病从何生？

【译文】

天地不可一天没有和气，人心不可一天没有喜气。

拙字可以寡过，缓字可以免悔，退字可以远祸，
苟字可以养福，静字可以益寿。

【原注】

昔人论致寿之道有四：曰慈，曰俭，曰和，曰静。

【译文】

守拙可以使人减少过错，性缓可以使人免于事后后悔，退让可以使人远离祸患，苟且可以使人滋养福泽，清静可以使人增添寿命。

毋以妄心戕真心，勿以客气①伤元气。

【注释】

①客气：与元气相对，指伤害身体的邪气。元气为正气。

【译文】

不要以虚妄之心戕害了本心，不要因邪气伤害了元气。

拂意处要遣得过，清苦日要守得过，
非理来要受得过，忿怒时要耐得过，
嗜欲生要忍得过。

【原注】

无故而以非理相加，其中必有所恃。小不忍，祸立至矣。销铄人莫如忿与欲，欲动水渗，怒其火炎，故须忍耐，则心火下降，肾水下滋。此吾儒坎离交济功法，何必仙家。

【译文】

遇到不顺心的事要能排遣掉，清贫劳苦的日子要能守得住，没有道理的事要能顶得住，愤怒的时候要能耐得住，有贪欲时要能克制住。

言语知节，则愆尤①少；
举动知节，则悔吝少；
爱慕知节，则营求少；
欢乐知节，则祸败少；
饮食知节，则疾病少。

【原注】

王龙图食物至精细,食不尽一器,年八旬,颐颊白腻如少年。尝语人云:食取补气,不饥即已,饱则生众疾。至用药物消化,尤伤和也。

【注释】

①愆尤:过失,过错。

【译文】

说话知道节制则失口少;行为知道节制则悔愧少;爱慕知道节制则要求少;欢乐知道节制则祸殃少;饮食知道节制则疾病少。

人知言语足以彰吾德,
而不知慎言语乃所以养吾德;
人知饮食足以益吾身,
而不知节饮食乃所以养吾身。

【译文】

人们都知道言语可以彰显自己的才德,但不知谨慎言语可以修德;人们都知道饮食能够补益身体,却不知道节俭饮食可以养生。

闹时炼心,静时养心,坐时守心,
行时验心,言时省心,动时制心。

【译文】

热闹处锻炼心性,安静处调养心性,静坐时守住心性,行动时检验心性,说话时反省心性,动作时约束心性。

荣枯倚伏，寸田①自开惠逆，何须历问塞翁？
修短参差，四体自造彭殇②，似难专咎司命！

【注释】

①寸田：道家指心为心田，心位于胸中方寸之地，亦称寸心。

②彭殇：寿夭。彭，彭祖，古之长寿者。殇，未成年而夭亡。《庄子·齐物论》："莫寿于殇子，而彭祖为夭。"

【译文】

宠辱相成，福祸相因，一切由自己把握，何必再要问边塞的老翁？寿命长短，身体好坏，单怪罪于掌管命运之神也似乎很难。

节欲以驱二竖①，修身以屈三彭②，
安贫以听五鬼③，息机以弭六贼④。

【原注】

一心为主，百病皆除。

【注释】

①竖：古时对人的蔑称，贱称。在这里指不好的人或物，对身体而言即疾病。

②三彭：道家用语，即三尸。传说三尸姓彭，常居人身中，伺察功过。

③五鬼：比喻不顺利。韩愈《送穷文》称穷鬼有五：智穷、学穷、文穷、命穷、交穷。

④六贼：佛教用语。佛经称色、声、香、味、触、法六者为尘，六尘与六根相接，产生种种嗜欲，导致种种烦恼，

叫六贼。

【译文】

节制欲望，修养身心以保持良好的心境和品质。安贫乐道，除却心机以免于烦恼。

衰后罪孽，都是盛时作的；
老来疾病，都是壮年招的。

【译文】

衰败后所遭受的罪孽，都是兴盛时作下的；老来后所生的疾病，都是壮年时招致的。

败德之事非一，而酗酒者德必败；
伤生之事非一，而好色者生心伤。

【原注】

薛文清云：酒色之类，使人志气昏耗。伤生败德，莫此为甚，何乐之有！惟心清欲寡，则气平体胖，乐可知矣！

【译文】

败坏德行的事不止一件，而过度饮酒必定败坏德行；损害身体的事不止一件，而好色必定伤身。

木有根则荣，根坏则枯。
鱼有水则活，水涸则死。
灯有膏则明，膏尽则灭。
人有真精，保之则寿，戕之则夭。

【原注】

冬至一阳生,夏至一阴生,其气甚微,如草木萌生,易于伤伐。倘犯色戒,则来年精神必疲惫。故色欲不节,四时皆伤人,惟二至之前后半月,尤必以绝欲为第一义也。

【译文】

树木有根则茂盛,根腐则枯萎;鱼有水才能活,水干涸则鱼必死。灯有油则亮,油尽则灯灭。人有真精神,保护它则长寿,损耗它则短命。

# 格言联璧

## 敦品类

欲做精金美玉的人品，定从烈火中锻来；
思立揭地掀天的事功，须向薄冰上履过。

【译文】

要想具有高贵纯洁的人品，必定从烈火中锻造得来；要想成就惊天动地的事业，必须如履薄冰般谨慎。

人以品为重，若有一点卑污之心，
便非顶天立地汉子；
品以行为主，若有一件愧怍之事，
即非泰山北斗品格。

【译文】

人以品格为重，如果有一点卑贱污秽的心思，便不是顶天立地的大丈夫；品质以行为主，要是有一件愧对良心的事，就不是泰山北斗一样崇高的品格。

人争求荣乎，就其求之之时，已极人间之辱；
人争恃宠乎，就其恃之之时，已极人间之贱。

【原注】

世之趋炎附势者，大都但知攀附权贵，而其人之邪正不问焉。及事败后，毕竟同归于尽，真为可怜！即使幸而漏网，而以一身名节之重，不思流芳百世，乃甘受党援之污，反致遗臭万年哉！刘念台云：进取一路，诚士人所不废，而得之不得曰有命。人情若不看破，奔走如狂，妄开径窦，呈身之巧，有无所不至者。幸而得之，立身已败，万事瓦解，况求之而未必得乎？真枉做小人也。

【译文】

世人追求荣华富贵，就在他求荣之时，已经受尽人间的耻辱；世人争着攀附邀宠，就在他求宠之时，已极尽人间的卑贱。

丈夫之高华，只在于功名气节；
鄙夫之炫耀，但求诸服饰起居。

【原注】

《快书》云：优人登场，有为唐明皇者，下场便不肯与诸优同坐，诸优皆笑之。世之登仕版者，时至则为之，此与逢场作戏，亦复何异？而盛修边幅，炫耀乡里，日岸然肩舆于亲故之门，其不为诸优所窃笑者几希！比拟未免近于刻，但欲为今世之缙绅先生痛下针砭，不得不借此以发其深省，其不省者，尚复何言！吕新吾云：中高第，做美官，欲得愿足，这不是了却一生事；只是作人不端，或无过可称，而分毫无补于世，则高第美官，反以益君之耻者也。而世顾以此诧市井，盖棺有余愧矣。刘念台云：士人自初第以至崇阶华庑，同是穿衣，同是吃饭，何曾有半点异常人处？只被闾巷一二愚鄙惊喜奉承。此人不知不觉，不能自主，遂高抬起来，究竟于自己身心上，曾有一毫增益否？可为当头一棒！邹东郭云：问邑之贵，则数高位者以对。问邑之富，则数积财者以对。问邑之人物，则数修德励行、济世范俗者以对。而富与贵不齿焉。故肆志一时者，为轩鹤，为牢豕；尚友千古者，为景星，为乔岳。

【译文】

　　大丈夫高尚的品行，只在于功名气节；凡夫俗子所引以为豪的，只在于衣饰住房。

　　　　阿谀取容，男子耻为妾妇之道；
　　　　本真不凿，大人不失赤子之心。

【译文】

　　阿谀奉承取悦别人，这种妇人之事大丈夫不耻为之；纯真朴拙不经伪饰，这份赤子之心大丈夫当保留之。

　　　　君子之事上也，心忠以敬，
　　　　其接下也，必谦以和。
　　　　小人之事上也，必谄以媚，
　　　　其待下也，必傲以忽。

【原注】

　　小人刻刻在势利上讲求，故无常心，如此那得不为君子所恶？

【译文】

　　君子侍奉上司，必定忠心而恭敬，接待下属，必定谦虚和气。小人对待上司，必定谄媚阿谀，对待下属，必定傲慢轻视。

　　　　立朝不是好舍人①，自居家不是好处士；
　　　　平素不是好处士②，由小时不是好学生。

【原注】

蒙童之教，大有关系如此。

【注释】

①舍人：古代官职名。《周礼·地官》注："舍，宫也，主平宫中用谷者也。"

②处士：未仕或不仕的读书人。

【译文】

在朝廷不是好官，是由居家时品行不高决定的；平时不是有德行的士人，也是从小时候不是好学生开始的。

做秀才如处子，要怕人。
既入仕如媳妇，要养人。
归林下如阿婆，要教人。

【原注】

颜光衷云：乡绅，国之望也。家居而为善，可以感郡县，可以风州里，可以培后进，其为功化，比士人百倍。故能亲贤扬善，主持风俗，其上也。即不然，而正身率物，恬静自守，其次也。下此则求田问舍，下此则欺弱暴寡。风之薄也，非所倍道矣。俚话云：刀趁利，炉趁热。此两语误人不浅。夫刀利炉热，用之以干许多好事，此光阴诚不可错过。又争体面三字，最误人。今且以何者为体面？若枉道求官府，辱身贱行，此无体面之甚者也。官府即姑从我，而心轻其为人，此无体面之隐者也。得势以豪乡里，而人阴指曰：此翼虎，不可犯耳。尚得为体面乎？认得体面真时，便不争体面，而百美集矣。吕东莱云：士大夫喜言风俗不好，不知风俗是谁做的。身便是风俗，不知去做，如何会得好？讲风俗能就自己身上讲起，便有许多不肯苟且之意。

【译文】

　　读书时要像未出阁的少女一样谨慎待人。做官后要像已过门的媳妇一样爱护百姓。归隐后要像老太婆一样教导他人。

　　　　贫贱时，眼中不著富贵，他日得志必不骄；
　　　　富贵时，意中不忘贫贱，一旦退休必不怨。

【译文】

　　贫困的时候不把富贵看在眼里，有朝一日得志必定不会骄傲；富贵时不忘贫贱时的景况，一旦退休必定没有怨言。

　　　　贵人之前莫言贱，彼将谓我求其荐；
　　　　富人之前莫言贫，彼将谓我求其怜。

【译文】

　　在贵人面前不要说自己卑贱，否则他会认为你求他举荐；在富人面前别说自己穷，不然他会认为你求他可怜。

　　　　小人专望人恩，恩过辄忘。
　　　　君子不轻受人恩，受则必报。

【译文】

　　小人只期望得到他人的恩惠，好处一到手就忘记授恩之人；君子不轻易接受他人的恩惠，一旦受恩必定报答施恩者。

　　　　处众以和，贵有强毅不可夺之力；

持己以正,贵有圆通不可拘之权。

【原注】
内刚不可屈,而外能处之以和者,所济多矣。方正学云:处俗而不忤者,其和乎?其弊也流而无立。持身而不挠者,其介乎?其弊也厉而多过。介以植其内,和以应乎外,则庶几矣!

【译文】
与众人相处要和气,贵在有坚定不移的原则性;对待自己要严正,贵在有处世圆融通达的能力。

使人有面前之誉,不若使人无背后之毁;
使人有乍处之欢,不若使人无久处之厌。

【原注】
乍交不为小人所悦,久习不为君子所厌,如是乃可见品。

【译文】
当面奉承别人,不如不在人背后毁谤;让人有短暂相处的欢乐,不如与人久处而不令人生厌。

媚若九尾狐,巧如百舌鸟,哀哉羞此七尺之躯!
暴同三足虎,毒比两头蛇,惜乎坏尔方寸之地!

【译文】
献媚像九尾狐,巧言令色像百舌鸟,可悲呀!让七尺之躯蒙羞!残暴如三足虎,狠毒如两头蛇,可惜呀!你的心变坏了!

到处伛偻，笑伊首何仇于天？何亲于地？
终朝筹算，问尔心何轻于命？何重于财？

【原注】
　　杨升庵诗话云：生前枉费心千万，死后空持手一双。足以唤醒一世。

【译文】
　　到处卑躬屈膝，可笑你的头为什么与天有仇而与地有亲缘？整日运筹谋算，敢问你的心为什么如此轻视生命而重视钱财？

　　富儿因求宦倾资，污吏以黩货失职。

【原注】
　　初起于嫌其所无，卒至于丧其所有。若各泯其贪心，则何夺禄败家之有！

【译文】
　　富家子弟因为求官职而倾尽家产，贪污官吏因为贪图财货而丧失职责。

　　亲兄弟析箸<sup>①</sup>，璧合翻作瓜分；
　　士大夫爱钱，书香化为铜臭。

【原注】
　　高忠宪公《家训》云：士大夫居间得财之丑，不减于室女逾墙从人之羞。流俗滔滔，恬不为怪者，只是不曾立志要做人；若要做人，自知男女失节，总是一般。

【注释】

①析箸：将一根筷子一分为二，比喻分家。

【译文】

兄弟不和，完好的家产被瓜分；士大夫爱钱，书香顿时变为铜臭。

士大夫当为子孙造福，不当为子孙求福。
谨家规，崇俭朴，教耕读，积阴德，此造福也。
广田宅，结姻援，争什一①，鬻功名，此求福也。
造福者澹而长，求福者浓而短。

【原注】

究竟非求而得。造福正所以求福，不可不知。

【注释】

①什一：指利益。

【译文】

士大夫应当为子孙造福，不应当为子孙求福。严谨家法，崇尚俭朴，教育耕田读书，积累阴德，这是造福。广置田宅，拉拢关系，争取利益，买卖功名，这是求福。造福的人平淡而长久，求福的人忙碌而短暂。

士大夫当为此生惜名，不当为此生市名。
敦诗书，尚气节，慎取与，谨威仪，此惜名也。
竞标榜，邀权贵，务矫激，习模棱，此市名也。
惜名者，静而休；市名者，躁而拙。

【原注】

辱身丧名,莫不由此!求名适所以坏名,名岂可市哉?无论在己在人,义所当用,乃谓之用;义不当用,则谓之伤。有财者可以鉴矣!

【译文】

读书人要爱惜自己一生的名誉,不应为此生沽名钓誉。研读诗书,崇尚气节,谨慎取予,严肃威仪,这是爱惜名誉。竞相标榜,攀附权贵,务求标新立异,模棱两可不分是非,这是沽名钓誉。爱惜名誉的人清静悠闲;沽名钓誉的人浮躁而拙劣。

> 士大夫当为一家用财,不当为一家伤财。
> 济宗党,广束脩①,救荒歉,助义举,此用财也。
> 靡苑囿,教歌舞,奢燕会,聚宝玩,此伤财也。
> 用财者,损而盈;伤财者,满而覆。

【注释】

①束脩:十条干肉。脩即脯。《论语·述而》:"自行束脩以上,吾未尝无诲焉。"后多指致送教师的酬金。

【译文】

士大夫应正当使用钱财而不是浪费金钱。救济乡党,广施教育,赈济灾荒,资助善行,这是正当的用财。广置庭园,教习歌舞,大宴宾客,积聚珍宝,这是浪费钱财。正当用钱的人虽花了钱但收获丰厚;浪费钱财的人虽聚敛了很多金钱但终将倾覆。

> 士大夫当为天下养身,不当为天下惜身。

省嗜欲，减思虑，戒忿怒，节饮食，此养身也。规①利害，避劳怨，营窟宅②，守妻子，此惜身也。养身者，啬而大；惜身者，丰而细。

【原注】

养其身以有为也。似乎爱惜此身，却不知已置此身于无用。直谓之不自爱也可。张侗初先生"却金堂四箴"，陈榕门云：按四箴所云，当为者，即孟子所云，求在我者也；不当为者，即孟子所云，求在外者也。迹虽近似，义实相妨。今一一胪列之，互举之，是非公私，显然可见矣。忆余为诸生时，于官斋屏幛间，曾见此箴，觉有怵于心，而未知其言之切而中也。比来阅历仕途，深尝世故，每见士大夫往往于此四者，辨之不明，遂致误入歧途，贻悔末路。益服先辈格言，切中世病，足发深省；而愧前此失于体认，草草读过也。然则思齐内省，为所当为，不为所不当。愿与世之君子共勉之。

【注释】

①规：规避。

②窟宅：房舍。窟，兽穴曰窟，人所居土室亦曰窟。《礼记·礼运》："昔者先王未有宫室，冬则营窟。"

【译文】

士大夫应当为天下人修养身心，不应当为天下人惜身。省却嗜好欲念，减少思虑，戒除忿怒的情绪，节制饮食，这是修养身心。规避利害劳怨，营造住宅房舍，守在妻儿身边，这是惜身。修养身心的人，节俭又大方；惜身的人，庸俗而琐碎。

# 格言联璧

## 处事类

处难处之事愈宜宽,处难处之人愈宜厚,
处至急之事愈宜缓,处至大之事愈宜平,
处疑难之际愈宜无意。

【原注】

撼大摧坚,要徐徐下手,默默留意,久久见功。若攘臂竭力,一犯手自家先败。张子韶云:天下之事,有理有势。理得乘势以行,固属快意;势若一时不能遽顺,则又贵于徐徐应之。惟如是而后为通明,惟如是而后能应事。杨忠愍公云:欲干天下之事,当思如何下手?如何收煞?事成如何结果?不成落何名目?死生虽不计,毕竟果不徒死否。思之思之,又重思之。薛文清公云:事才入手,便当思其发脱。又云:应事最当熟思缓处,熟思则得其情,缓处则得其当。吕新吾云:事见到无不可时,便斩截做,不要留恋。儿女子之情,不足以语办大事者也。又云:计天下大事,只在要紧处一著,留心用力,别个都顾不得。此要紧一著,又要看得明,守得定,方不失轻重之衡。又云:凡酌量天下大事,全要个融通周密,忧深虑远。若粗心浮气,浅见薄识,得其一方,而固执以求胜,以此图久大之业,为治安之计,难矣。又云:处天下事,前面常长出一分,此之谓豫。后面常余出一分,此之谓裕。如此则事无不济,而心有余乐。若扣煞分数做去,必有后悔。又云:做天下好事,既度德量力,又审势择人。专欲难成,众怒难犯。此八字,不独妄动邪为者宜慎;虽以至公无私之心,行正大光明之事,亦须调剂人情,发明事理,俾大家信从,然后动有成,事可久。盖群情多暗于远识,小人不便于私己。群起而坏之,虽有良法,胡成胡久。又云:天下事,只怕认不真;若认得真时,更那管一国非之,天下非之。君子作事，举世惧且疑，而彼确然为之，卒如所料者，先见定也。故要见事后功业，休恤事前议论。事成后，众情自贴。即万一不成，而我为其所当为也，论不得成败。是非理也，成败势也。亦有势不必可为，而犹为之者，惟其理而已。

【译文】

处理难处理的事情应宽大，和难相处的人相处应厚道，处理急迫的事情应舒缓，处理重大的事情应从容，处理疑难的问题应胸无成见。

无事时，常照管此心，兢兢然若有事；
有事时，却放下此心，坦坦然若无事。
无事如有事提防，才可弭意外之变；
有事如无事镇定，方可消局中之危。

【译文】

没事的时候要谨慎小心如同有事要发生一样；有事的时候就要放心坦然从容处之。没事就当有事提防，才可以防止意外变故；有事时就像没事一样镇定，才能消除危急的局势。

当平常之日，应小事宜以应大事之心应之。
盖天理无小，即目前观之，便有一个邪正，
不可忽慢苟简①，须审理之邪正以应之方可。
及变故之来，处大事宜以处小事之心处之。
盖人事虽大，自天理观之，只有一个是非，
不可惊惶失措，但凭理之是非以处之便得。

【原注】

刘念台《应事说》云：事无大小，皆有理在。劈头判个是与非，见得是处，断然如此，虽鬼神不避。见得非处，断然不如此，虽千驷万钟不回。又于其中，条分缕析，辨个是中之非，非中之是，似是之非，似非之是，从此下手，沛然不疑，所以动有成绩。又凡事有先著，当图难于易，为大于细。有要著一著，胜人千万著，失此一著，满盘败局。又有先后著，如低棋以后著为先著，多是见小欲速之病。又有了著，恐事至八九分便放手，终成决裂也。盖见得是非后，又当计成败，如此，方是有用学问。学者遇事不能应，总是此心受病处。只有炼心法，更无炼事法。炼心之法，大要只是胸中无一事而已。无一事，乃能事事，此是主静工夫得力处。又云：多事不如少事，省事不如无事。

【注释】

①忽慢苟简：疏忽怠慢，苟且敷衍。

【译文】

平时处理小事要像处理大事一样慎重对待。因为天理无论大小，从目前来看，就有一个邪与正的区别，不能疏忽怠慢，应该认真分辨情理的邪与正才可以找到应对方法。等到变故来了，处理大事应以处理小事的平静心态来对待。因为事虽然很大，但从天理方面来看，只有一个是与非的区别，不必惊慌失措，只凭天理的是非来处理就可以了。

缓事宜急干，敏则有功；
急事宜缓办，忙则多错。

【原注】

事有必不可已者，便须早做。日捱一日，未必后日之能如今日也。若营父母远大之事，尤当吃紧。刘真斋云：事属道义方可做，然却须宽绰细密真实忍耐，一一从头至尾，节次调停，方克有济。否则匆忙疏漏必将虚矫急迫，反害义矣。

【译文】

可以迟些处理的事应当赶紧干，动作快往往易获成功；紧急的事应当稳妥办理，急急忙忙地干常常出错。

不自反者，看不出一身病痛；
不耐烦者，做不成一件事业。

【原注】

只一耐烦心，天下何人不处得？天下何事不了得？

【译文】

不自我反省的人，看不到自己一身的缺点；没耐心的人，终究是一事无成。

日日行，不怕千万里；
常常做，不怕千万事。

【原注】

陈榕门云：数语中有不息、渐进二意。

【译文】

天天走路，不怕到不了千万里之遥；常常做事情，不怕做不成千万件事。

必有容，德乃大；必有忍，事乃济。

【译文】

必须有宽容之雅量，德心才会宏大；必须有忍耐之毅力，事业才能成功。

过去事丢得一节是一节，
现在事了得一节是一节，
未来事省得一节是一节。

【原注】

白香山诗云："我有一言君记取，世间自取苦人多！"今试问劳扰烦苦之人，此事亦尽可已？果属万不可已者乎？当必恍然自悟矣。

【译文】

过去的事能忘则忘，现在的事能做多少就做多少，未来的事能不考虑就不去考虑。

强不知以为知，此乃大愚；
本无事而生事，是谓薄福。

【译文】

不懂装懂，这是最愚蠢的；没事找事，这是减少福分。

居处必先精勤，乃能闲暇；
凡事务求停妥，然后逍遥。

【原注】

吕新吾云：世人通病，先事体怠神昏，临事手忙脚乱，既事意散心安，此事之贼也，不可不痛戒之。凡事预则立，此五字极当理会。

【译文】

起居处事必须先精细勤奋才能有闲暇的时候；一切事务必须处理妥当然后才能逍遥自在。

> 天下最有受用，是一闲字，
> 然闲字要从勤中得来；
> 天下最讨便宜，是一勤字，
> 然勤字要从闲中做出。

【原注】

若一懈怠，诸事都废，方寸中定有许多牵挂，何处讨个闲来？若一扰乱，动手即错，一件事决费无数周折，勤也济不得事。

【译文】

天下最可受用的是一个"闲"字，但是闲要从勤奋中得来；天下最占便宜的是一个"勤"字，但是勤是从闲暇中做出来的。

> 自己做事，切须不可迂滞，
> 不可反覆，不可琐碎；
> 代人做事，极要耐得迂滞，
> 耐得反覆，耐得琐碎。

【原注】

处事大忌急躁，急躁则先自处不暇，何暇治事？

【译文】

自己做事，切不可拖拖拉拉，不能反反复复，不能琐碎；替别人做事，极其要耐心慢慢来，要耐得住反复和琐碎。

> 谋人事如己事，而后虑之也审；
> 谋己事如人事，而后见之也明。

【原注】

吕新吾云：人只是怕当局，当局者之十，不足以当旁观者之五。智虑以得失而昏也，胆气以得失而夺也。只没了得失心，则志气舒展。此心与旁观者一般，何事不济！陈榕门云：恒言是非得失，不知是非者公，而得失者私也。是非者理，而得人者数也。得失之心重，则明者亦昏，勇者亦怯矣！

【译文】

谋划别人的事就像谋划自己的事，考虑才会全面；谋划自己的事如同谋划别人的事，事情才能看得明白。

> 无心者公，无我者明。

【原注】

当局之君子，不如旁观之众人者，以有心有我故也。

【译文】

没有成见的人处事公平，没有私心的人明晓事理。

置其身于是非之外,而后可以折是非之中;
置其身于利害之外,而后可以观利害之变。

【译文】

使自己置于是非之外,才可客观评判是非;把自己置于利害之外,才可看清利害的变化。

任事者,当置身利害之外;
建言者,当设身利害之中。

【原注】

置身于外,则无所顾忌;设身其中,则平易近人。二语各极其妙。

【译文】

当事人应置身于利害之外;倡议者应置身于利害之中。

无事时,戒一偷字;
有事时,戒一乱字。

【原注】

吕新吾云:有涵养人,心思极细;虽应仓猝,而胸中依然暇豫,自无粗疏之病。心粗便是学不济处!

【译文】

没事时要戒苟且偷安,有事时要戒忙乱失措。

将事而能弭,遇事而能救,既事而能挽,
此之谓达权①,此之谓才。

未事而知来,始事而要终,定事而知变,
此之谓长虑,此之谓识。

【原注】

陈榕门云:如此讲才,方不是机巧一流;如此讲识,方不是揣测一流。

【注释】

①达权:通晓权宜,能应变。

【译文】

能消除将要发生的事,能补救正在发生的事,能挽回已经发生的事,这叫作权宜应变,有才能。事情没发生却能预知,事情才开始便能料到结局,事情已成定局懂得其中变化,这叫作深思熟虑,有见识。

提得起,放得下,算得到,
做得完,看得破,撇得开。

【原注】

非大有识力人不能,然亦要习学。

【译文】

凡事要提得起,放得下,算得到,做得完,看得破,撇得开。

求已败之事者,如驭临崖之马,休轻策一鞭;
图垂成之功者,如挽上滩之舟,莫少①停一棹②。

【注释】

①少:暂。江淹《别赋》:"暂游万里,少别千年。"

②棹：船桨。

【译文】

要挽救已失败的事，就好比驾驭临近悬崖的马，万不可轻加一鞭；要图谋即将成功的事，就好比拉船上浅滩，不可稍停一桨。

以真实肝胆待人，事虽未必成功，
日后人必见我之肝胆；
以诈伪心肠处事，人即一时受惑，
日后人必见我之心肠。

【译文】

用真诚之心待人，事情虽然不一定做成功，但日后别人定会看出我的诚意；用欺诈的方式处理事情，别人虽然一时间受到迷惑，但过后别人必然发觉我的虚伪狡诈。

天下无不可化之人，但恐诚心未至；
天下无不可为之事，只怕立志不坚。

【原注】

汤潜庵云：天下之事有真事，须天下之人有真心；无真心而做真事，必不得之数也。

【译文】

天下没有不能教化的人，就怕诚心不足；天下没有不能干成的事，就怕立志不坚。

处人不可任己意，要悉人之情；

处事不可任己见,要悉事之理。

【原注】

陈榕门云:悉人之情,则于己方为得理;悉事之理,则于事方克有济。不是漫无主见,终日向人觅生活也。

【译文】

与人相处,不能任性,要了解人情世故;处理事情,不能固执,要明白事理。

见事贵乎明理,处事贵乎心公。

【原注】

理不明,则不能辨别是非;心不公,则不能裁度可否。惟理明心公,则于事无所疑惑,而处得其当矣。

【译文】

察事贵在明白事理,处事贵在内心公正。

于天理汲汲①者,于人欲必淡。
于私事耽耽②者,于公务必疏。
于虚文熠熠③者,于本实心薄。

【注释】

①汲汲:欲速之意。《汉书·扬雄传》:"少嗜欲,不汲汲于富贵,不戚戚于贫贱。"

②耽耽:同眈眈,垂目下视貌,专注之意。《易·颐》:"虎视眈眈然,威而不猛也。"

③熠熠:光彩闪烁貌。阮籍《清思赋》:"色熠熠以流烂

兮，纷杂错以葳蕤。"

【译文】

忙于追求天理的人，对人欲方面必定淡薄。忙于私事的人，处理公务必然粗疏。追求华丽外表的人，内在之心必定轻薄。

> 君子当事，则小人皆为君子，
> 至此不为君子，真小人也。
> 小人当事，则中人皆为小人，
> 至此不为小人，真君子也。

【译文】

君子在位，则小人都能变成君子，在这种情况下仍不能成为君子的，这是真正的小人。小人当权，则一般人都沦为小人，在这种情境下仍不做小人的，这是真君子。

> 居官先厚民风，处事先求大体。

【译文】

为官执政要先使民风淳厚，处理事务要先了解事情的主要方面。

> 论人当节取其长，曲谅其短；
> 做事必先审其害，后计其利。

【译文】

评价人应当先肯定他的长处，原谅他的短处；做事必须先考虑它的坏处,然后再计算它的好处。

> 小人处事,于利合者为利,于利背者为害;
> 君子处事,于义合者为利,于义背者为害。

【原注】

刘念台云:学莫先于义利之辨。义利二者,正人禽分途处也。义也者,天下之公也;利也者,一己之私也。人才为一己起见,便生出许多占便宜心。及夫辞受、取与、出处、死生之际,总无是处。利,利也,名亦利也。如以利道德事功皆利也。为人子者,有所利焉而为孝,其孝必不真;为人臣者,有所利焉而为忠,其忠必不至。充其类,便是弑父与君。故曰:差之毫厘,谬以千里。吃紧在破除乡原窠臼,乡原正喻利之深者,故圣人恶之。吾侪学问,只从念头处讨分晓,见得义当为,便必为,利不当为,便必不为,是辨之最明处。凡作事,第一念为自己思量,第二念便须替他人筹算。若彼此两益,或于己有益,于人无损,皆可为之。若益于己者十之九,损于人者十之一,即宜踌躇。若人与己损益相半,断宜撒手。况益全在己,损全在人者乎?若损己以益人,尤为上等君子。

【译文】

小人做事情,与私利相合的为利,违背私利的为害;君子做事情,与道义相合的为利,与道义相违的为害。

> 只人情世故熟了,甚么大事做不到?
> 只天理人心合了,甚么好事做不成?
> 只一事不留心,便有一事不得其理;

只一物不留心，便有一物不得其所。

【原注】

陈榕门云：此人情，在公一边看。熟者，体察而熟悉之。不是揣摩世故，曲徇人情。心头有一分检点，自有一分得处。学者只事事留心，一毫不苟，其德业之进也，如流水矣。遇事不可轻忽，虽至微至细者，皆当慎重处之。及事将完，越要加慎、加勤、加宽。

【译文】

只要熟悉人情世故，什么大事做不到？只要合乎天理人心，什么好事做不成？只要一事不留心，就有一事不能明白其中的道理；只要一物不留心，就有一物不能适得其所。

事到手，且莫急，便要缓缓想；
想得时，切莫缓，便要急急行。

【原注】

陈榕门云：缓字是详慎，不是怠缓。急字是果决，不是急遽。周公仰而思之，夜以继日；幸而得之，坐以待旦。正是此意。

【译文】

事到临头，不要急，要仔细斟酌考虑；想好了方法，千万别磨蹭，要果断实行。

事有机缘，不先不后，刚刚凑巧；
命若蹭蹬，走来走去，步步踏空。

【原注】

张梦复云：子曰：不知命，无以为君子。《集注》：人不知命，则见害必避，见利必趋，何以为君子？余少奉教于姚端恪公，服膺斯语。每遇疑难踌躇之事，辄依据此言，稍有把握。古人言居易以俟命，又言行法以俟命。人生祸福荣辱得丧，自有一定命数，确不可移。审此则害宜避，而有不能避之害；利可趋，而有不必趋之利。利害之见既除，而为君子之道始出。此为字甚有力，既知利害有一定，则落得做好人也。权势之人，岂必与之相抗以取害。到难于相从处，亦要内不失己。果谦如以谢之，宛转以避之，彼亦未必决能祸我。即祸我，亦命数宜然，又安知委曲从彼之祸，不更烈于此也？使我为州县官，决不用官银以媚上官。安知用官银之祸，不更甚于上官之失欢也？昔者米脂令边君，掘李贼之祖坟，贼破京师后，获边君置军中，欲甘心焉。挟至山西，以二十人守之，边君夜遁，后复为州守。自著《处吻余生》记其事。李贼杀人数十万，究不能杀一边君，死生有命，宁不信然。予官京师日久，每见人之数应为此官，而其时本无此一缺，有人焉竭力经营，干办停当，而此人无端值之。如此者不一而足，此亦举世之人共知之，而当局往往迷而不悟。其中之求速反迟，求得反失，彼人为此人而谋，此事因彼事而坏，颠倒错乱，不可究诘。人能将耳目闻见之事，平日体察，亦可消许多妄念也。朱子云：今人必要算到有利无害处，天下事那里被你算得尽？

【注释】

①蹭蹬：失势貌。《文选·海赋》："或乃蹭蹬穷波。"

【译文】

事情成功与否是有机遇缘分的，要不前不后刚刚凑巧才可成功；人的命运若坎坷多舛，忙忙碌碌地奔走，必将步步踏空。

# 格言联璧

## 接物类

事属暧昧，要思回护他，著不得一点攻讦的念头；
人属寒微，要思矜礼他，著不得一毫傲睨的气象。

【译文】
　　对于别人隐私的事，要考虑怎样回避袒护，不能有一点攻击陷害的念头；对于贫寒卑微的人，要想着尊敬礼待他，要不得一丝傲慢轻视的神气。

凡一事而关人终身，纵确见实闻，不可著口；
凡一语而伤我长厚，虽闲谈酒谑，慎勿形言。

【原注】
　　结冤仇，招祸害，伤阴骘，皆由于此。至谈闺门中丑恶，尤触鬼神之怒。切戒。

【译文】
　　只要某件事关系到别人的一生，即使亲自耳闻目睹，也不能说出去；只要某句话有损于自己的敦厚，即使是喝酒嬉戏时闲谈，也要谨慎不说出口。

严著此心以拒外诱，须如一团烈火，遇物即烧；
宽著此心以待同群，须如一片阳春，无人不暖。

【译文】
　　严守自己的良心以抗拒外界的诱惑，应当像一团烈火一样，遇到外来的物质诱惑就将其烧毁；放宽自己的心胸以善待身边的人，应当像春天的阳光一样，温暖每一个人。

待己当从无过中求有过,非独进德,亦且免患;
待人当于有过中求无过,非但存厚,亦且解怨。

【译文】

对待自己应当在没有过错的情况下找到不足,不只是修养德行,也能免于祸患;对待别人应当从他的过错中找到长处,不只是宽厚仁道,也能化解怨恨。

事后而议人得失,吹毛索垢,不肯丝毫放宽,
试思己当其局,未必能效彼万一;
旁观而论人短长,抉隐摘微①,不留些须余地,
试思己受其毁,未必能安意顺承。

【原注】

先哲云:事后论人,局外论人,是学者大病。事后论人,每将智者说得极愚;局外论人,每将难事说得极易。二者皆从不忠不恕生出。

【注释】

①抉(jué)隐摘微:挑出隐秘的、选取细微的,此处形容故意挑剔毛病,寻找差错。

【译文】

事后议论别人的长短,吹毛求疵,不肯放过一点点,试想如果自己是他,未必能做到他的万分之一;坐视旁观议论别人的优缺点,揭人隐私,道人琐事,试想如果自己受了那样的毁谤,未必能安心承受。

遇事只一味镇定从容,虽纷若乱丝,终当就绪;

待人无半毫矫伪欺诈，纵狡如山鬼，亦自献诚。

【译文】

遇到事情只要始终能镇定从容，即使事乱如麻，最终也能理出头绪；待人没有一点虚伪欺诈，即使狡猾得像山鬼一样，最终也会献出诚意。

公生明，诚生明，从容生明。

【原注】

公生明者，不蔽于私也；诚生明者，不杂以伪也；从容生明者，不淆于惑也。舍是无明道矣。

【译文】

公正、诚恳、从容不迫都能使人明晓事理。

人好刚，我以柔胜之。
人用术，我以诚感之。
人使气，我以理屈之。

【译文】

别人性格刚硬，我就以柔克刚。别人使心计，我就以诚意感化他。别人动怒，我就以道理说服他。

柔能制刚，遇赤子①而贲、育②失其勇；
讷能屈辩，逢喑者而仪、秦③拙于词。

【注释】

①赤子：简称"赤"，指婴儿。

②贲、育：指孟贲、夏育。战国时著名的勇士。传说孟贲力大能生拔牛角，夏育能力举千钧。

③仪、秦：指张仪、苏秦。战国时著名的游说之士。

【译文】

柔能克刚，在初生的婴儿面前，即使孟贲、夏育这样的大力士，也会失去用武之地；木讷能制服能言善辩的人，遇到木讷、沉默的人，即使辩才苏秦、张仪也无话可说。

困天下之智者，不在智而在愚。
穷天下之辩者，不在辩而在讷。
伏天下之勇者，不在勇而在怯。

【译文】

使天下有智慧的人感到困窘的，不是聪明的人而是愚笨的人。使天下雄辩的人词穷的，不是善辩的人而是木讷的人。使天下有勇力的人折服的，不是有勇力的人而是怯懦的人。

以耐事了天下之多事；
以无心息天下之争心。

【译文】

用忍耐了结天下的麻烦事，以淡泊平息天下的争斗心。

何以息谤？曰无辩。
何以止怨？曰不争。

【译文】

如何平息毁谤?即不去辩白。怎样消除怨恨?即不要争斗。

> 人之谤我也,与其能辩,不如能容;
> 人之侮我也,与其能防,不如能化。

【译文】

别人诽谤我,与其跟他争辩,不如宽容他;别人侮辱我,与其提防他,不如化解前嫌。

> 是非窝里,人用口,我用耳;
> 热闹场中,人向前,我落后。

【原注】

人皆扰扰,我独安安,此是何等襟度。

【译文】

在是非圈中,别人用嘴说,我用耳朵听;在热闹的场合中,别人争着向前,我则退后。

> 观世间极恶事,则一咎一愿,尽可优容;
> 念古来极冤人,则一毁一辱,何须计较!
> 彼之理是,我之理非,我让之;
> 彼之理非,我之理是,我容之。

【原注】

吕新吾云:两君子无争,相让故也。一君子一小人无争,有容故也。争者，两小人也。两相动气，一对小人，一般受祸。陈榕门云：一时之名利得失，一事之意见取舍，原不必定踞胜著。至于国家大事，伦常大节，又当别论。

【译文】

看到人间极坏的事，则一桩过错、一件邪恶，尽可以宽容；想想古往今来多少蒙受冤屈的人，则一些诽谤、一次侮辱，又何必计较！你有理，我无理，我让着你；你无理，我有理，我宽容你。

能容小人，是大人；
能培薄德，是厚德。

【译文】

能容忍小人的，是襟怀大度的人；能培养少德之人的，是厚德之人。

我不识何等为君子，但看每事肯吃亏的便是；
我不识何等为小人，但看每事好便宜的便是。

【原注】

古今教人做好人，只十四字，简妙真切。曰：君子落得为君子，小人枉费为小人。盖富贵贫贱，自有一定命数，做君子不曾少了分内，做小人不曾多了分内。落得者，犹言拾得，言极其便宜也。枉费者，犹言折本，言极其吃亏也。林退斋临终，子孙环跪请训。先生曰：无他言，尔等只要学吃亏。自古英雄，只为不肯吃亏，害了多少事。

【译文】

　　我不知道什么样的人是君子,但只要看他每件事都肯吃亏,便是君子;我不知道什么样的人是小人,但只要看他每件事都好占便宜,就是小人。

　　律身惟廉为宜,处世以退为尚。

【原注】

　　二者乃崇德安身之道也。

【译文】

　　律身只有廉洁最适宜,处事要以忍让为高尚。

　　以仁义存心,以勤俭作家,以忍让接物。

【原注】

　　张梦复训子云:古人有言,终身让路,不失尺寸。老氏以让为贵。左氏曰:让,德之本也。处里闾之间,信世俗之言,不过曰渐不可长,不过曰后将更甚,是大不然。人孰无天理良心?是非公道,揆之天道,有满损虚益之义;揆之鬼神,有亏盈福谦之理。自古只闻忍与让,足以消无穷之灾悔;未闻忍与让,反以酿后来之祸患也。欲行忍让之道,先须从小事做起。余曾署刑部事五十日,见天下大讼大狱,多从极小事起。君子谨小慎微,凡事只从小处了。余生平未尝多受小人之侮,只有一善策能转弯早耳。每思天下事,受得小气,则不至于受大气;吃得小亏,则不至于吃大亏。此生平得力之处。凡事最不可想占便宜。便宜者,天下人之所共争也。我一人据之,则怨萃于我矣;我失便宜,则众怨消矣。故终身失便宜，乃终身得便宜也。此余数十年阅历有得之言，其遵守之毋忽。

【译文】

　　心存仁义，勤俭持家，忍让行事。

　　　　径路窄处，留一步与人行；
　　　　滋味浓底，减三分让人尝。
　　　　任难任之事，要有力而无气；
　　　　处难处之人，要有知而无言。

【译文】

　　路窄的地方，要留一步让别人过；味浓的食物，要留一些让别人尝。做难做的事，要有能力而没有怨气；与难相处的人相处，要心知肚明而不抱怨。

　　　　穷寇不可追也，遁辞不可攻也，贫民不可威也。

【译文】

　　穷途末路之敌不能追逼，闪烁其词的话不可深究，贫苦之人面前不可施威。

　　　　祸莫大于不仇人，而有仇人之辞色；
　　　　耻莫大于不恩人，而作恩人之状态。

【译文】

　　最大的祸患是和人没仇，却做出一副仇人似的言语神色；最大的羞耻是无恩于人，却摆出一副恩人似的姿态。

恩怕先益后损，威怕先松后紧。

【原注】

则恩反为仇，前功尽弃；则管束不下，反招怨怒。

【译文】

恩惠最怕先对人有利后对人有害，威严最怕先宽松后严厉。

善用威者不轻怒，善用恩者不妄施。

【原注】

陈榕门云：恩威乃治世大权，自上及下，离此二字不得。一不慎重，威不足惩，恩不足劝，悔之何及！又云：人知威胜之弊，而不知恩胜之害。威胜者，可求以恩；恩胜者，以制以威。用恩威者，可以鉴矣！

【译文】

善于使用威权的人不轻易发怒，善于施恩的人不随意施恩。

宽厚者，毋使人有所恃；
精明者，不使人无所容。

【原注】

陈榕门云：宽厚而权常在，则人无所恃；精明而体贴人情，则人有所容。此中有大学问、大经济。使人敢怒而不敢言者，便是损阴骘处。

【译文】

　　宽厚的人,不使人有所倚恃;精明的人,不使人无地自容。

　　　　事有知其当变,而不得不因者,善救之而已矣;
　　　　人有知其当退,而不得不用者,善驭之而已矣。

【译文】

　　知道事情要变化而不得不顺其自然的人,只是善于补救罢了;知道某人不该用却不得不用他的人,这是善于驾驭罢了。

　　　　轻信轻发,听言之大戒也;
　　　　愈激愈厉,责善之大戒也。

【原注】

　　吕新吾云:水激横流,火激横发,人激乱作。君子慎其所以激者。愧之,则小人可使为君子;激之,则君子可使为小人。激之而不怒者,非有大量,必有深机。

【译文】

　　轻信传言,轻易发怒,这是听人说话的大忌;劝人从善过于激烈暴躁,这是劝人从善的大忌。

　　　　处事须留余地,责善切戒尽言。

【原注】

　　曲木恶绳,顽石恶攻,责善之言,不可不慎也。吕新吾云：责善要看其人何如。又当尽长善救失之道，无指摘其所忌，无尽数其所失，无对人，无峭直，无长言，无累言。犯此六戒，虽忠告，非善道矣。又云：论人须带三分浑厚，非直远祸，亦以留人掩盖之路，触人悔悟之机，养人体面之余，犹天地含蓄之气也。

【译文】

做事要留有余地，劝人从善千万别把话说绝。

施在我有余之惠，则可以广德；
留在人不尽之情，则可以全交。

【原注】

陈榕门云：至理名言，可为涉世龟鉴。

【译文】

尽我所能施恩予人，就可以广修德行；留深厚的人情予人，就可以保全朋友之义。

古人爱人之意多，故人易于改过，
而视我也常亲，我之教益易行；
今人恶人之意多，故人甘于自弃，
而视我也常仇，我之言必不入。

【原注】

陈榕门云：虽烈日严霜，其中原有一段昭苏发育之意，故受者易入。人之为教，何以异此？凡劝人，不可遽指其过，必须先美其长。盖人喜则言易入，怒则言难入也。善化人者，心诚色温，气和词婉。容其所不及，而谅其所不能；恕其所不知,而体其所不欲。随事讲说,随时开导。彼乐接引之诚,而喜所好;感督责之宽,而愧其不材。人非木石,未有不长进者。我若嫉恶如仇,彼亦趋死如鹜,虽欲自新,而不可得。哀哉!

【译文】

古人教导别人多发自爱心,所以别人乐于改过自新,亲近教导者,那么教育也易于推行;今人教导别人多出于恶意,所以别人宁可自暴自弃,仇视教导者,那么训教必定不被对方接受。

喜闻人过,不若喜闻己过;
乐道己善,何如乐道人善。

【原注】

陈榕门云:同一闻过道善之事,就人己间易地出之,便是圣狂之别。世之人喜闻人过,而恶闻己过;乐称己善,而恶称人善。试思这个念头,是君子乎?是小人乎?

【译文】

喜欢打听别人的过失,不如喜欢听人指出自己的缺点;乐于夸耀自己的长处,不如宣扬别人的长处。

听其言,必观其行,是取人之道;
师其言,不问其行,是取善之方。

【原注】

师其言者,为其言之有益于我耳!苟益于我,人之贤否奚问焉?衣敝枲者市文绣,食糟糠者市粱肉,将以人弃之乎?

【译文】

听别人说话,还要看他的实际行动,这是选拔人才的方法;师从别人的有益之论,而不过问他的行为,这是择善之法。

> 论人之非,当原其心,不可徒泥其迹;
> 取人之善,当据其迹,不必深究其心。

【原注】

吕新吾云:论人情,只向薄处求;说人心,只从恶边想。此是私而刻底念头,非长厚之道也。

【译文】

议论别人的缺点,应当探究他的原意,不能仅局限于表象;学习别人的优点,应当依据他的行为,不必深究他的动机。

> 小人亦有好处,不可恶其人,并没其是;
> 君子亦有过差,不可好其人,并饰其非。

【译文】

小人也有优点,不能因讨厌他这个人而无视他的优点;君子也有过错,不能因为喜欢他这个人而掩饰他的过失。

> 小人固当远,然断不可显为仇敌;
> 君子固当亲,然亦不可曲为附和。

【原注】

先哲云:不得已而与小人居,须要外和吾色,内平吾心,决无苟且之理。又云：觉人之诈，不形于言；受人之侮，不动于色。此中有无穷意味，亦有无限受用。

【译文】

小人固然应当远离，但是绝不可明显地把他视为仇敌；君子固然应当亲近，但也不可以曲意逢迎。

待小人宜宽，防小人宜严。

【原注】

待君子易，待小人难，待有才之小人则更难，待有功之小人则益难。小人有功，可优之以赏，不可假之以权。

【译文】

对待小人应当宽厚，防范小人应当严密。

闻恶不可遽怒，恐为谗夫泄忿；
闻善不可就亲，恐引奸人进身。

【译文】

听说恶人恶事不能马上发怒，以恐被喜欢背后说人坏话的人利用以泄其私愤；听说善人好事不可立即亲近，以恐让奸诈之人乘隙而入。

先去私心，而后可以治公事；
先平己见，而后可以听人言。

【译文】

先去除私心，然后才可以处理公务；先去除成见，然后才可以采纳别人的忠言。

  修己以清心为要，涉世以慎言为先。

【译文】
  修养身心要以清心寡欲为要点，经历世事应首先谨慎言语。

  恶莫大于纵己之欲，祸莫大于言人之非。

【原注】
  施之君子，则丧吾德；施之小人，则杀吾身。

【译文】
  最大的恶行莫过于放纵欲望，最大的祸害莫过于说人短处。

  人生惟酒色机关，须百炼此身成铁汉；
  世上有是非门户，要三缄其口学金人①。

【注释】
  ①金人：铁、铜等金属铸造的人像，指慎言之人。《孔子家语·观周》："孔子观周，遂入太祖后稷之庙，庙堂右阶之前，有金人焉。三缄其口而铭其背曰：古之慎言人也。"

【译文】
  人生路上遍布酒色陷阱，必须努力修行成为不受诱惑的铁汉；世上充斥是非纠纷，要像金人一样保持缄默。

  工①于论人者，察己常阔疏；

狃②于讦直者，发言多弊病。

【注释】

①工：善于，擅长。

②狃（niǔ）：习以为常，不复措意。

【译文】

专门论人是非的人，省察自己常常粗疏；习惯于攻击正直之士的人，说话常常出错。

人情每见一人，始以为可亲，
久而生厌，又以为可恶，
非明于理而复体之以情，未有不割席①者；
人情每处一境，始以为甚乐，
久而生厌，又以为甚苦，
非平其心而复济之以养，未有不思迁者。

【注释】

①割席：古称朋友绝交为割席。《世说新语·德行》："（管宁、华歆）尝同席读书，有乘轩冕过门者，宁读如故，歆废书出看。宁割席分坐，曰：'子非吾友也。'"

【译文】

人情常常是这样：每认识一个人，刚开始交往时觉得可以亲近，时间长了就生厌烦之心，再后来就认为可恶，不是明白事理又能体察人情的人，没有不断交的；人情常常是这样：每身处一种境地，开始觉得快乐，时间长了就生厌烦之心，再后来就感到苦不堪言，不是心气平和又不断修养德行的士人，没有不想迁移的。

观富贵人,当观其气概,
如温厚和平者,则其荣必久,而其后必昌;
观贫贱人,当观其度量,
如宽宏坦荡者,则其福必臻,而其家必裕。

【译文】

观察富贵的人,应当观察他的气度,如果是温厚平和的人,那么他的荣华富贵必定长久,后代必定昌盛;观察贫贱的人,应当观察他的度量,如果是宽宏坦荡的人,那么他的福气必定会来临,他的家境也一定会宽裕。

宽厚之人,吾师以养量。
慎密之人,吾师以炼识。
慈惠之人,吾师以御下。
俭约之人,吾师以居家。
明通之人,吾师以生慧。
质朴之人,吾师以藏拙。
才智之人,吾师以应变。
缄默之人,吾师以存神。
谦恭善下之人,吾师以亲师友。
博学强识之人,吾师以广见闻。

【译文】

宽厚的人,我学习他的修养气度。言行缜密的人,我学习他的练达见识。慈祥的人,我学习他的领导方法。节俭的人,我学习他的持家之道。聪明通达的人,我学习他的智慧之道。质朴的人,我学习他的不露锋芒。有才智的人,我学习他的随机应变。沉默的人,我学习他的保守心计。谦虚恭谨、善待下级的人,我学习他以亲近师友。学识渊博的人,我学习他以增长见闻。

居视其所亲,富视其所与,达视其所举,
穷视其所不为,贫视其所不取。

【原注】
　　推此言也,可以取友,可以延师,可以联姻,可以荐士,可以听言,并自己立心制行之道,均由此五者得之矣。
【译文】
　　居家看他所亲近的人,富贵看他所施予的,显达看他的举止行为,困窘看他不做的事,贫穷看他不拿取什么。

取人之直,恕其戆<sup>①</sup>;
取人之朴,恕其愚;
取人之介,恕其隘;
取人之敬,恕其疏;
取人之辩,恕其肆;
取人之信,恕其拘。

【原注】
　　所谓人有所长,必有所短也。宜略短以取长,不可忌长以摘短。
【注释】
　　①戆(gàng):愚而刚直。

【译文】

　　取他的直率,宽恕他的憨傻;取他的淳朴,宽恕他的愚钝;取他的耿介,宽恕他的狭隘;取他的恭敬,宽恕他的疏漏;取他的辩才,宽恕他的放肆;取他的诚信,宽恕他的拘谨。

　　　　遇刚鲠人,须耐他戾气;
　　　　遇骏逸人,须耐他妄气;
　　　　遇朴厚人,须耐他滞气;
　　　　遇佻达人,须耐他浮气。

【原注】

　　刘直斋云:凡与人交,不可求全责备,只该略短取长。譬如沙中炼金,所重在金。则一星之金,亦在所取,而忘其沙之多寡。苟所恶在沙,虽有金亦不见矣!

【译文】

　　遇到刚强耿直的人,要忍耐他的暴躁;遇到俊逸洒脱的人,要忍耐他的狂妄;遇到朴实的人,要忍耐他的迟钝;遇到佻达的人,要忍耐他的虚浮。

　　　　人褊急,我受之以宽宏;
　　　　人险仄,我平之以坦荡。

【原注】

　　此炎热中,投清凉散也。

【译文】

　　别人狭隘急躁,我用宽宏大量来待他;别人阴险狡诈,我用包容坦荡待他。

奸人诈而好名,他行事有确似君子处;
迂人执而不化,其决裂有甚于小人时。

【原注】
我先别其为何如人,思所以处之之道,则得矣!
【译文】
奸猾的人狡诈而喜欢名声,所以他做事也有的确像个君子的地方;迂腐的人不知变通,与他的决裂有胜过与小人决裂的时候。

持身不可太皎洁,一切污辱垢秽,要茹纳得;
处世不可太分明,一切贤愚好丑,要包容得。

【原注】
精明须藏在浑厚里作用。古人得祸,精明人十居其八,未有浑厚而得祸者。吴遣二士至蜀,二士甚辩,武侯讳之,后二士皆被杀。武侯曰:二人只是黑白太分明。
【译文】
修身不能太明白纯净,要能容纳一切污秽诟病;处事不能太认真精明,要能包容一切贤愚美丑。

宇宙之大,何物不有,使择物而取之,
安得别立宇宙,置此所含之物?
人心之广,何人不容,使择人而好之,
安有别个人心,复容所恶之人?

【原注】

剖去胸中荆棘,以便人我往来,是天下第一宽闲快活世界。处世不可太严拣择,麒麟凤凰,虎豹蛇蝎,蕃然并生。只于一身,清浊并蕴。若洗肠涤胃,尽去浊秽,只留清虚,反生非理。

【译文】

世界广大,什么东西没有?假使只择取自己所需之物,怎么能另外建立一个世界,放置不要的东西?人心广大,什么人不能容下?假使只选择喜欢的人亲近,怎么能有另外一个人心,容纳自己厌恶的人?

> 德盛者,其心和平,
> 见人皆可取,故口中所许可者多;
> 德薄者,其心刻傲,
> 见人皆可憎,故目中所鄙弃者众。

【原注】

圣人见人,皆圣人也;贤人见人,或贤或不肖;不肖人见人,则皆不肖矣。袁中郎言:譬如人脾气强盛者,蔬粝亦皆甘美。否则美者甘,恶者苦,至于败坏之极,虽珍滑之物,亦不复能可口矣。真善喻矣。吕新吾云:世人喜言无好人,此孟浪语也。推原其病,皆从不忠不恕所致。自家便是个不好人,更何暇责备他人乎?泛爱亲仁,圣人忠恕体用,端的如此。

【译文】

品德高尚的人,心气平和,见人都有可取之处,所以他口中称赞的人很多;品德低劣的人,心性刻薄,见人都面目可憎,所以他眼中鄙夷的人也多。

律己宜带秋风,处世须带春风。

【原注】
张梦复云:待下我一等人,言语辞气,愈要和婉。此事甚不费钱,然彼人受之,同于实惠。只在精神照料得来,不可惮烦。《易》所谓劳谦,是也。

【译文】
约束自己要像秋风扫落叶一般严厉,为人处世要像春风化雨一样温和。

善处身者,必善处世,不善处世,贼身者也;
善处世者,处严修身,不严修身,媚世者也。

【译文】
善于修养身心的人,一定善于处世,不善于处世,就会破坏身心的修养;善处世的人,一定严于修身养性,不严于修身,就会随波逐流。

爱人而人不爱,敬人而人不敬,君子必自反也;
爱人而人即爱,敬人而人即敬,君子益加谨也。

【译文】
爱别人而别人不以爱心待自己,敬别人而别人对自己不以礼相待,遇到这样的情况,君子必须自我反省。爱别人而别人就会以爱心待自己,敬别人而别人就对自己以礼相待,遇到这种情况，君子应更加谨慎谦逊。

人若近贤良，譬如纸一张；
以纸包兰麝，因香而得香。
人若近邪友，譬如一枝柳；
以柳贯鱼鳖，因臭而得臭。

【原注】

陆清献公《与蒿庵翁书》云：一身远出，幼子无知，所恃者师保得人耳。舟中细思一齐众咻之义，觉得咻字情状万千，愈思愈觉可畏。非必有意引诱，然后为咻。凡亲友来者，或语言粗鄙，或举止轻率，一人初学耳目，便是终身毒药。故有心之咻犹有限，无心之咻最无穷。此孟子所以必欲置之嵩岳。然嵩岳势不易得，惟恃一齐人之辞严义正，能使众咻辟易，望风而靡，则潇湘云梦，尽成嵩岳矣。至于户外之事，惟有一静，幸太翁时提撕此意。

【译文】

一个人如果接近贤良之士，就好比用一张纸包住兰花、麝香，纸会因包了香料而发出香气。一个人如果接近邪恶之人，就好比用一枝柳条串鱼、鳖，柳条也会因此沾染臭气。

人未己知，不可急求其知；
人未己合，不可急与之合。

【原注】

君子处世，宁风霜自挟，毋鱼鸟亲人。刘直斋云：好合不如好散，此言极有理。合者，始也；散者，终也。至于好散，则善其终矣。凡处一事，交一人，无不皆然。即得正而毙，尤宜然也。士莫重于伦理，观其于家庭骨肉间，有一番至性缠绵处，其人便可相与。古来未有家门凉德，而外得厚交者。于此处取友，最当。或谓世有不爱其亲，而待他人则亲厚；不敬其兄，而遇他人则谦逊者。不知其亲厚也，特世故中之周旋。其谦逊也，乃势利中之卑谄耳。倘一旦机隙萌生，则握手者即变而攘臂；拥彗者即起而操戈矣。若孝弟人，纵有不平，必不横决如此。

【译文】

别人不了解自己，不能急于让他了解；别人与自己意见不合，不能急于让他和自己意见一致。

落落者难合，一合便不可离；
欣欣者易亲，乍亲忽然成怨。

【原注】

王弇州云：博弈之交不终日，饮食之交不终月，势利之交不终年，惟道义之交，可以终身。子车氏之豭色粹而黑，一产三豚，其一驳而白，恶其弗类也，啮杀之。若敖氏之狗，群聚而戏，俯仰跳踯，甚相得也。有骨投地，其一得之，则群啮而争夺，口鼻流血矣。见别于爱憎，虽骨肉而戕啮；意竞于势利，即胶漆而戈矛。何异乎子车氏之豭、若敖氏之狗！

【译文】

孤独的人难与之相交，但一相交便不可分离；喜欢热闹的人容易亲近，但容易亲近也容易突然结怨。

能媚我者，必能害我，宜加意防之；
肯规予者，必肯胁予，宜倾心听之。

**【原注】**

张梦复云：此辈毒人，如鸩之入口，蛇之螫肤，断断不易，决无解救之法。芸圃诗有云：于今道上揶揄鬼，原是尊前妩媚人。盖痛乎其言之矣。先哲云：平时强项好直言者，即患难时不肯负我之人。圆软一辈，掉臂去之，或且下石焉。又云：人有过失，非其知己，孰肯指陈？泛然相识，不过背后窃议之耳！乃不能见德，而反之为仇。于彼何与！适所以自成其不可救药之病而已。

**【译文】**

能向我献媚的人，也一定会加害我，应当加以防范；肯规劝我的人，也必定肯帮助我，应当倾听他的忠告。

出一个大伤元气进士，
不如出一个能积阴德平民；
交一个读破万卷邪士，
不如交一个不识一字端人。

**【译文】**

出一个危害百姓的进士，不如出一个能积德行善的平民百姓；结交一个读书万卷的邪恶之人，不如结交一个不识一字的老实人。

无事时，埋藏著许多小人；
多事时，识破了许多君子。

【译文】

没事时,小人显不出来;多事时,识破了许多君子的真面目。

一种人难悦亦难事,只是度量褊狭,不失为君子;
一种人易事亦易悦,这是贪污软弱,不免为小人。

【原注】

陈榕门云:君子小人中,确乎有此二种,可以发言所未发。

【译文】

有种人既难以取悦又难以相处,他只是度量小,但不失为君子;有种人容易相处也易取悦,但贪污又软弱,不免是小人。

大恶多从柔处伏,慎防绵里之针;
深仇常自爱中来,宜防刀头之蜜。

【译文】

大的罪恶多潜伏在阴柔之地,要像防范藏在丝绵里的针一样谨慎;深仇大恨常从爱中生出,要像防范蜜糖后的刀刃一样小心。

惠我者小恩,携我为善者大恩;
害我者小仇,引我为不善者大仇。

【译文】

给我施惠的是小恩,教我从善的是大恩;加害于我的是小仇,引诱我为恶的是大仇。

> 毋受小人私恩,受则恩不可酬;
> 毋犯士夫公怒,犯则怒不可救。

【译文】

不要接受小人的恩惠,接受了就报答不了;不要冒犯士人的公愤,冒犯了就无法救止。

> 喜时说尽知心,到失欢须防发泄;
> 恼时说尽伤心,恐再好自觉羞惭。

【译文】

高兴时说尽知心话,到交情破裂时应防对方把话泄露出去;生气时说尽伤心话,恐怕和好的时候自觉羞愧。

> 盛喜中勿许人物,盛怒中勿答人言。

【原注】

喜时之言多失信,怒时之言多失体。

【译文】

极高兴时,不要对别人有所许诺;极愤怒时,不要随便回应他人言论。

> 顽石之中,良玉隐焉;

寒灰之中,星火寓焉。

【原注】
是以君子不轻弃人,不轻量人。

【译文】
顽石中有美玉藏于其内,寒灰中有星火含于其中。

静坐常思己过,闲谈莫论人非。

【译文】
一个人静坐时要常反思自己的过失,闲谈时不要议论别人的是非。

对痴人莫说梦话,防所误也;
见短人莫说矮话,避所忌也。

【译文】
对痴迷的人不要说不切实际的话,以防他被误导;见到某方面有缺陷的人不要说与之相关的话,以免别人忌讳。

面谀之词,有识者未必悦心;
背后之议,受憾者常至刻骨。

【译文】
当面奉承的话,有见识的人听了未必会高兴;背后议论他人是非,被议论者听到会恨之入骨。

攻人之恶毋太严，要思其堪受；
教人以善毋过高，当使其可从。

【译文】

指责别人的过错不要太苛严，要想想他是否能承受；教导人从善不要要求过高，应当使他可以遵从。

互乡①童子则进之，开其善也；
阙党②童子则抑之，勉其学也。

【原注】

兼此二义可以因人施教，可谓以德化民。

【注释】

①互乡：古地名，无可考。《论语·述而》中有"互乡难与言"之语。

②阙党：相传为春秋时孔子授徒之所。

【译文】

对于缺乏教养的孩子，应教他上进，开导他从善；对于教养好的孩子，应当抑制他的骄气，勉励他努力学习。

事有急之不白者，缓之或自明，毋急躁以速其戾；
人有操之不从者，纵之或自化，毋操切①以益其顽。

【注释】

①操切：处理事情过于鲁莽急躁。

【译文】

事情有急迫而又不能明白的，缓一段时间或许自然就会明白,不要急躁以免加速它的恶化;人有你想驾驭他却不服从的,放任他或许他自己会转化,不要太急切以免增加他的顽劣。

> 遇矜才者,毋以牙相矜,
> 但以愚敌其才,便可压倒;
> 遇炫奇者,毋以奇相炫,
> 但以常敌其奇,便可破除。

【译文】
　　遇到自负自己才学的人,不要以才华与他相比,只要用愚笨的方法与他的才能抗衡,便可以胜过;遇到爱炫耀新奇的人,不要用奇特的东西与他相较,只要用平常的东西来与他的新奇对比,便能消除他的炫耀之心。

> 直道事人,虚衷御物。

【原注】
　　周石藩云:人有好歹,事有虚实。断不可据先人之言,遂挟成心以待之。盖胸中一有成见,则窒塞而不公;不公则不明,以致是非颠倒,皂白不分。其不屈人而偾事者,鲜矣!或居家,或做事,就人用人,就事论事,心中不著些子尘垢,方能虚中悉理,不至误于人言。

【译文】
　　以坦诚直率之心与人交往,以虚怀无偏见之心驾驭万物。

> 岂能尽如人意,但求不愧我心。

【原注】

人情有公亦有私,必事事求如人意,是徇也。惟惟之于理,乃至公而无私矣!

【译文】

怎能事事都令人满意,只求不愧对自己的良心罢了。

不近人情,举足尽是危机;
不体物情,一生俱成梦境。

【译文】

不合乎人情世故,走到哪里都是危机;不体察自然万物,一生都是虚幻的梦境。

己性不可任,当用逆法制之,其道在一忍字;
人性不可拂,当用顺法调之,其道在一恕字。

【译文】

心性不可放任,应该用逆反法遏制它,其法关键在于"忍"字;人性不能违背,应当用顺应法调理它,其法关键在于"恕"字。

仇莫深于不体人之私,而又苦之;
祸莫大于不讳人之短,而又讦之。

【译文】

最大的仇怨莫过于不体恤别人的隐衷而又使其困苦;最大的祸患莫过于不避讳别人的短处而又加以攻击。

辱人以不堪必反辱，伤人以已甚必反伤。

【译文】

侮辱别人太过分则必反受其辱，伤害别人太过分则必反受其伤。

处富贵之时，要知贫贱的痛痒；
值少壮之日，须念衰老的辛酸。

【原注】

一富人饮酒温室，语人曰：今冬和暖如是，时令甚不正。贫人门外闻之，顿足曰：外边时令却甚正。

【译文】

自己处于富贵的景况时，要知道贫苦人的痛苦感受；自己正当年轻力壮的年岁时，须想到衰老时的辛酸。

入安乐之场，当体患难人景况；
居旁观之地，务悉局内人苦心。

【原注】

范文正公《淮上遇风》诗曰：一棹危于叶，旁观欲损神。他年在平地，毋忽险中人。

【译文】

在平安快乐的境况中，应当体恤患难人的境况；处于旁观者的立场，务必体谅局内人的苦心。

临事须替别人想，论人先将自己想。

【译文】

遇到事情必须替别人着想,议论别人要先想想自己。

欲胜人者先自胜,欲论人者先自论,
欲知人者先自知。

【译文】

想战胜别人先战胜自己,想评价别人先评价自己,想了解别人先了解自己。

待人三自反,处世两如何。

【译文】

待人须不断自我反省,处世要反复思量。

待富贵人,不难有礼而难有体;
待贫贱人,不难有恩而难有礼。

【译文】

对待富贵的人,不难做到有礼,却难做到得体;对待贫贱的人,不难做到施恩,却难做到礼待。

对愁人勿乐,对哭人勿笑,对失意人勿矜。

【译文】

面对愁苦的人不要表现出快乐,面对哭泣的人不要展露出笑容,面对失意的人不要显出骄矜自负。

见人背语,勿倾耳窃听。
入人私室,勿侧目旁观。
到人案头,勿信手乱翻。

【译文】
看到有人在背后议论,不要侧耳偷听。进入别人私室内,不要东张西望。到别人书桌旁,不要随手乱翻。

不蹈无人之室,不入有事之门,不处藏物之所。

【原注】
非但远嫌,亦以避祸。至于庵庙寺观,尤宜谨慎,断不可走入深处及僻静之所。吾见蹈此而遭杀身之祸者,屡矣,切须戒之。

【译文】
不进入没人的房间,不踏入是非之地,不停留在藏有物品的场所。

俗语近于市,纤语近于娼,诨语①近于优②。

【原注】
士君子一涉于此,不独损威,亦难迓福。

【注释】
①诨语:诙谐逗趣的话。
②优:即优伶。古代以乐舞戏谑为业的艺人的统称。

【译文】
低俗的话语接近市井中人所说,纤巧的话语接近于娼妓所说，逗趣的话语接近于唱戏人所说。

　　闻君子议论，如啜苦茗，
　　森严之后，甘芳溢颊；
　　闻小人谄笑，如嚼糖霜，
　　爽美之后，寒冱①凝胸。

【注释】
　　①冱（hù）：冻结。
【译文】
　　听君子议论就像喝苦茶，苦涩过后，甜美滋味流溢满口；听小人谄媚赔笑，就像吃表面有糖霜的食物，甜美过后，寒冷之感凝结胸中。

　　凡为外所胜者，皆内不足；
　　凡为邪所夺者，皆正不足。

【原注】
　　今人见人敬慢，辄生喜愠心，皆外重者也。此迷不破，胸中冰炭一生，二者如持衡然，这边低一分，那边即昂一分，未有毫发相下者也。
【译文】
　　凡被外物所战胜的人，都是自身修养不够；凡被奸邪压倒的人，大多正气不足。

　　存乎天者，于我无与也，
　　穷通得丧，吾听之而已；

存乎我者，于人无与也，
毁誉是非，吾置之而已。

【原注】

先哲云：无恶而毁，于我何疚？无善而誉，于我何有？一庸人誉之则加喜，一庸人毁之则加怒，是亦庸人而已矣！真善真恶在我，毁誉与我何干？又云：处毁誉，要有识有量。识量大，则毁誉欣戚，不足以动其中。又云：余刻古书，校之又校，然鲁鱼帝虎，百仍二三。夫眼眼相对尚然，况以耳传耳？其是非毁誉，宁有真乎？又云：从来圣贤，未有不遭毁谤者。故曰：其不善者恶之，不为小人所恶，安得成个君子？闻毁者，须察这毁言，从何处来，更察这毁人者，是君子，是小人？既可以得毁人者，又可以得被毁者，此两得之道也。闻誉者亦用此法最妙。大凡操进退之柄者，是非毁誉，无日不至于前。置之，则非公听并观之道；听之，则开游扬排挤之端。惟先就毁誉者之人品，以为权衡，则致毁致誉之由，不辨自明。为所毁、为所誉者，邪正立见，此为用众，而不为众用也。

【译文】

由上天安排的命运，我无法参与决定，穷困显达得失，我听之任之；由我决定的事，别人无法参与决定，毁谤赞誉是非，我置之不理。

小人乐闻君子之过，君子耻闻小人之恶。

【原注】

此存心厚薄之分，故人品因之而别。

【译文】

　　小人喜欢听到君子的过失,君子耻于听到小人的恶行。

　　　　慕人善者,勿问其所以善,
　　　　恐拟议之念生,而效法之念微矣!
　　　　济人穷者,勿问其所以穷,
　　　　恐憎恶之心生,而恻隐之心泯矣!

【译文】

　　羡慕别人的善行,不要问他为什么行善,以防自己行动前生杂念,而效法为善的念头减弱。救济穷困之人,不要问他为什么贫穷,以防产生憎恶之感,而怜悯之心泯灭。

　　　　时穷势蹙之人,当原其初心;
　　　　功成名立之士,当观其末路。

【译文】

　　处境穷困、时运不济的人,应当探究他的初衷;功成名就之士,应当观看他的结局。

　　　　踪多历乱,定有必不得已之私;
　　　　言到支离,才是无可奈何之处。

【原注】

　　吾辈须于此放宽一步。

【译文】

　　经历许多挫折,一定有迫不得已的隐衷;语言到了无法完整表达的时候,才是无可奈何之处。

惠不在大,在乎当厄;
怨不在多,在乎伤心。

【译文】
恩惠不在于大小,而在于是否在别人需要时施予;怨恨不在于伤害次数多少,而在于是否伤了别人的心。

毋以小嫌疏至戚,毋以新怨忘旧恩。

【译文】
不要因为小小的过节而疏远亲友,不要因为新近的怨恨而忘记旧时的恩情。

两惠无不释之怨,两求无不合之交,
两怒无不成之祸。

【原注】
吃紧全在两字。事之成败,人之祸福,莫不有两者,其机也。

【译文】
双方都对对方施以恩惠,就没有不可消释的怨恨;双方都求全,就没有不能和好的友情;双方都发怒,就没有酿不成的祸患。

古之名望相近则相得,

今之名望相近则相妒。

【原注】

陈榕门云：无论古今，公则未有不相得，私则未有不相妒者。所谓私，非独势利得失。即如嫌疑未化，偶有偏主，皆私也。噫，难言之矣！

【译文】

古时候名望相当的人能相得益彰，现今名望相当的人则相互妒忌。

# 格言联璧

## 齐家类

勤俭，治家之本。和顺，齐家之本。
谨慎，保家之本。诗书，起家之本。
忠孝，传家之本。

【译文】

勤劳节俭是持家的根本。和睦安顺是齐家的根本。谨慎稳重是保家的根本。诗书经典是起家的根本。忠孝道德是传家的根本。

天下无不是底父母，世间最难得者兄弟。

【原注】

陈成卿云：自来乱臣贼子，其始皆见得君父有不是处。微根不除，遂至横决尔。世有因异母兄弟，而隔膜视者。此但知有母，而不知有父者也，与禽兽何以异！

【译文】

对于子女而言，天下没有不对的父母；对于兄弟姊妹而言，世间最难得的是兄弟之情。

以父母之心为心，天下无不友之兄弟。
以祖宗之心为心，天下无不知之族人。
以天地之心为心，天下无不爱之民物。

【译文】

用父母的慈爱之心对待兄弟，天下没有不友爱的兄弟。用祖先的仁爱之心对待亲人，天下没有不和睦的亲族。用天地的博爱之心对待他人，天下没有不相亲爱的民众。

人君以天地之心为心，
人子以父母之心为心，
天下无不一之心矣；
臣工以朝廷之事为事，
奴仆以家主之事为事，
天下无不一之事矣。

【原注】

语气阔大，义蕴宏深。

【译文】

为人之君主以天地博爱之心为自己的心，为人之子以父母慈爱之心为自己的心，则天下没有不能一致的心；臣子以朝廷的事为自己的事，奴仆以主人的事为自己的事，则天下没有不成功的事。

孝莫辞劳，转眼便为人父母；
善毋望报，回头但看尔儿孙。
子之孝，不如率妇以为孝，妇能养亲者也，
公姑得一孝妇，胜如得一孝子；
妇之孝，不如导孙以为孝，孙能娱亲者也，
祖父得一孝孙，又增一辈孝子。

【译文】

孝顺父母应不辞劳苦，转眼之间自己就为人父母；做善事不要期望回报，回头就能看到你自己的儿孙。儿子孝顺不如带领媳妇也孝顺，媳妇能奉养双亲，公婆能得到一个孝顺媳妇，胜过得到一个孝顺儿子；媳妇孝顺，不如教导孙子孝顺，孙子能使祖父母快乐，祖父母得到一个孝顺的孙子，就又增添了一辈孝子。

　　父母所欲为者，我继述之；
　　父母所重念者，我亲厚之。

**【原注】**

　　凡父母生前所欲为而不得者，我善为继述之。孝思之大，莫过于是。凡人父母虽亡，无可补过。然有兄弟，有姊妹，皆父母所垂念之人也，我当看顾之，联和之，则父母在天之灵悦。有伯叔，有宗族，皆祖父所不忘之人也，我当体恤之，周济之，则祖父在天之灵悦。有亲戚，有邻朋，亦祖父所加意之人也，我当提携之，怜悯之，不独祖父在天之灵悦，即在天虚空之神鬼，亦无不皆悦。

**【译文】**

　　父母生前未竟的事，我继续努力去完成；父母生前想念的人，我以之为亲人厚待他。

　　婚而论财，究也夫妇之道丧；
　　葬而求福，究也父子之恩绝。

**【原注】**

　　古者男女之族，各择德焉，不以财为礼。文中子曰：婚姻而论财，夷虏之道也，君子不入其乡。近世婚姻一事，竞尚侈奢，日趋日盛，其实豪华满眼，不过一瞬虚名，有何实际，而铺张扬厉若此。德不如人而衣饰是尚，家不能治而容冶相先，因之败德蠹家，离间骨肉多矣。先辈诗云：婚姻几见斗奢华，金屋银屏众口夸。转眼十年人事变，妆奁贱卖与人家。殊有深味。每见嫁资丰饶之女，多至非贫则夭者。虽曰其命，亦未必非暴殄天物之孽也。

古人云：先有人而后有地，先有德而后有人。此真探源之论，可破除葬师一切妄谈谬说。盖山川英灵之蕴，冲和之萃，必有神物为之护持，乃造物秘之，以待善人也。岂人力之所能为哉？故吉土之遇，每在乎贫贱积善之余；而凶土之藏，辄卜于富贵不仁之后。若使神工果可夺，天命果可改，则古今宇宙在一家，而造物之机几息矣！宋谦父云：世人尽知穴在山，岂知穴在方寸间；好山好水世不乏，苟非其人寻不见。我见富贵人家坟，往往葬时皆贫贱；迨至富贵力可求，人事尽时天理变。仁人孝子，可以知所自处矣。

【译文】

婚姻之事论钱财，终究是丧失了夫妇之道；丧葬之事讲求祈福，终究也会断绝了父子之间的恩情。

君子有终身之丧，忌日是也；
君子有百世之养，邱墓是也。

【原注】

志石墓碑，不在禁例。稍有力者，宜内志以石，或记事功，或止勒亡者生庚，故葬年月，及山向四至大概，附埋冢内。上树碑一通，不必过于高大，嫌于僭也。碑面照有无封赠职衔，据实开刻。考妣某某之墓，旁书子某孙某敬立。碑阴仍将父母生庚、故葬年月日、所葬坐山朝向，及坟地四至丈尺、墓田亩数，明白刊刻，庶可示久远，以防侵占。为人子者，不可不急讲也。

【译文】

君子终生应在父母祭日服丧,君子世代应在祖先墓前供养。

> 兄弟一块肉,妇人是刀锥。
> 兄弟一釜羹,妇人是盐梅①。

【原注】

言任其剸割也,言任其调和也。大抵妇人之见,不广远,不公平。非丈夫有远识,虽平日素明义理者,迨日渐月渍,则为其役而不自觉。旨哉!郑濂对明太祖之言曰:治家之道,惟不听妇人言而已。

【注释】

①盐梅:或咸或酸的调味品。

【译文】

兄弟好比一块肉,妻子好比刀或锥,能使兄弟失和;兄弟好比一锅汤,妻子好比是调味品,能使兄弟和睦。

> 兄弟和,其中自乐;
> 子孙贤,此外何求!

【译文】

兄弟和睦,就会自得其乐;子孙贤孝,别复何求!

> 心术不可得罪于天地,
> 言行要留好样与儿孙。

【原注】

《思辨录》云：教子弟当以身率先。每见人家子弟，父兄未尝著意督率，而规模动静、性情好尚，辄酷肖其父，皆身教为之也。

【译文】

用心不可违逆天地之意，言行要能给子孙作表率。

现在之福，积自祖宗者，不可不惜；
将来之福，贻于子孙者，不可不培。
现在之福如点灯，随点则随竭；
将来之福如添油，愈添则愈明。

【原注】

颜光衷云：世之登高第者，自以为读书才能所致。权势在手，恣傲无忌，尽改故步，孰知些小福分，皆从祖父殷勤得来，不添油注炭，热焰能几何乎？

【译文】

现在的福气是由祖宗开始积留的，不能不珍惜；将来的福气是要留给子孙后代的，不能不培养。现在的福气就像点灯耗油，享用一点就减少一点；将来的福气就像给灯添油，越添越明。

问祖宗之泽，吾享者是，当念积累之难；
问子孙之福，吾贻者是，要思倾覆之易。

【译文】

问祖宗的福泽在哪里？我现在享受的就是，应当体念当初祖宗积德的艰苦；问子孙的福泽在哪里？我所遗留的就是，要想到倾覆很容易。

  要知前世因，今生受者是，
  吾谓昨日以前，尔祖尔父，皆前世也；
  要知后世因，今生作者是，
  吾谓今日以后，尔子尔孙，皆后世也。

【译文】
  要知道前世之因，现在所承受的就是，我把昨天以前，你的祖父、父亲，都叫作前世；要知道后世之因，今生所做的便是，我说的今日以后，你的儿子、孙子，都是所谓后世。

  祖宗富贵，自诗书中来，
  子孙享富贵，则弃诗书矣；
  祖宗家业，自勤俭中来，
  子孙享家业，则忘勤俭矣。

【原注】
  此所以多衰门也。

【译文】
  祖宗的福贵是从诗书中得来的，子孙享受富贵时，就抛弃诗书了；祖宗的家业来自勤俭积累，子孙享受家业，就忘记勤俭节约了。

  近处不能感动，未有能及远者。
  小处不能调理，未有能治大者。

亲者不能联属，未有能格疏者。
一家生理不能全备，未有能安养百姓者；
一家子弟不率规矩，未有能教诲他人者。

【原注】
　　齐治相因之理，说得如许亲切。
【译文】
　　身边亲近的人都不能使之感化，则更不能感化其他人。小事不能理顺的，没有能处理大事的。亲近的人都不能和睦，就不能匡正关系疏远的人。一家生计不能照料周到，就不能安定养民。自家子弟不守规矩，就不能教诲他人。


　　至乐无如读书，至要莫如教子。

【原注】
　　张梦复训子云：人心至灵至动，惟读书可以养之。否则，必至心意颠倒，妄想生嗔，往往处逆境不乐，处顺境亦不乐者，此必不读书之人也。又云：读书固所以继家声，然亦使人敬重。每见仕宦显赫之家，其老者或退或故，而其家索然者，其后无读书之人也；其家郁然者，其后有读书之人也。山有猛兽，而藜藿为之不深；家有子弟，而强暴为之改容。岂止掇青紫、荣宗祊而已哉！善教子者，先要将邪正两途与之熟讲，使之立定脚跟，方可依样做去。自然心有把握，生死受用，皆在于此。而今父兄，但思荣其身，不思葆其心。或以声色货利，权焰威宠，激其读书志气。纵使幸得名位，适足为长欲荡淫，作恶损德之资。上辱祖考，下毒儿孙，其害有不可胜言者。

【译文】

最快乐的事情莫过于读书,最重要的事情莫过于教子。

> 子弟有才,制其爱毋弛其诲,故不以骄败。
> 子弟不肖,严其诲毋薄其爱,故不以怨离。

【原注】

颜光衷云:天下风俗败时,大抵自为子弟时,先做坏了。人品心术坏时,亦自为子弟时,先做坏了。稍有拂戾,便容受不下;小有才气,便收拾不住。所以一到长成,放出无状来,遂不可当。古来洒扫应对,奉几侍立,都是要消除子弟的雄心猛气,使之鞭向入微耳。先哲云:教贫贱家儿,尚可稍从宽恕,至富贵家子弟,尤须痛惩不容轻恕,何也?彼其骄贵痴养,颐指气使,种种已积之胸中矣。苟非严父贤师,共勤迫琢,鲜有能成器者也。又云:子弟生于富贵家,是大不幸。惟富贵则性敏,千罪百恶,都从傲上来。又云:富贵家子弟,要使他知贫贱的意味。试观自古圣贤,何人不从忧苦贫贱中来。惟贫贱则思自立;思自立,则百事皆可为矣。子弟愚顽无志者,督责过严,则彼益自弃,而甘于下流,须故加奖励,或立赏格鼓舞之。观古人为政,必赏罚并行,乃能政治。则知父兄教子弟机神妙用,亦在奖励与督责并行也。

【译文】

子弟有才华,要控制对他的爱而不放松对他的教导,这样他才不会因骄傲而失败。子弟不成材,要严加教诲而不减少对他们的爱,这样他才不会因怨恨而远离。

> 雨泽过润,万物之灾也;

恩宠过礼，臣妾之灾也；
情爱过义，子孙之灾也。

【原注】

以肥甘爱儿女，而不思其伤身；以姑息爱儿女，而不思其败德。皆妇人之仁也。噫！世之自爱而陷于自杀者，又十人而九矣。善教子者，一严之外无他术；善用严者，一慎之外无他道。今人教子，每事疏忽宽纵，不耐留心。迨至德性已坏，听之不可，禁之不能，诛之又不忍，始悔前日之失教也。晚矣！

【译文】

雨水过多，是万物的灾害；恩惠泛滥越过礼节，是大臣婢妾的灾祸；情爱多于道义，是子孙的灾害。

安详恭敬，是教小儿第一法；
公正严明，是做家长第一法。

【原注】

子弟之成否，不必望其才华过人，但观其谨饬与放肆，则一生之事业，可豫定矣。

吕新吾云：齐以刀切物，使参差者，就于一致也。家人恩胜之地，大都情多而义少，私易而公难。若人人各遂其欲，势将无极。惟刚立之人，则能不以私恩失其正理。故古人以父母为严君，而家法要威严，盖对症之治也。又云：家法所系甚重也，猝然而拟人以俳优，虽乞丐未有不怒者。而俳优之家，世世业之而不知耳，其子孙岂绝无羞恶之良心哉？亦相习而不以为怪，为家法之所囿耳。是故欲子孙善，则莫如正家法。

【译文】

安详恭敬是教育孩子的首要准则；公正严明是做家长的首要准则。

人一心先无主宰，如何整理得一身正当？
人一身先无规矩，如何调剂得一家肃穆？
融得性情上偏私，便是大学问；
消得家庭中嫌隙，便是大经纶。

【原注】

一家之中，老幼子女，无一个规矩礼法，虽眼前兴旺，即此便是衰败景象。张杨园云：父子兄弟夫妇，人伦之大。一家之中，惟此三亲而已，不可稍有乖张，父子尤其本也。一处乖张，即处处乖张，安有缺于此而全于彼者。自古人伦之变，祸败所贻，常及数世，天道然也。

【译文】

人心中先没有主宰，如何使自己修炼得品行正当？人言行先没有规矩，如何把家治理得严肃庄重？能消除性情上的褊狭，便是大学问；能消除家庭中的隔阂，也是大学问。

遇朋友交游之失，宜剀切，不宜游移；
处家庭骨肉之变，宜委曲，不宜激烈。

【原注】

家庭乃见真之地，然到极难处时，不能不以委曲将之。大舜、闵子所以成孝子者，正以难处中能委曲也。昔贤谓委曲求全，岂遂无术？八字宜味，非过来人，不能道此。

【注释】

①剀切：切实。

【译文】

见到朋友有失误，应切实指出，不要犹豫不决；遭逢家庭变故，应当曲意求全，不要过激。

未有和气萃焉，而家不吉昌者；
未有戾气结焉，而家不衰败者。

【原注】

父慈子孝，兄友弟恭，夫义妇顺，此和气之最难得者。先哲云：凡至人家，闻老人嗟叹声、子弟骄纵声、妇女诟谇声、幼稚娇宠声、宾朋谄谀声、奴仆哗笑声、婢媪惨切声，而主人则昏昏然，嬉嬉然，一似作梦呓声音，其家必不久即破。又云：凡人家门庭虽隘陋，而光洁可爱；供具虽粗淡，而朴素可观。主人之动作厚道，子弟之进趋有礼，案有好书籍，堂有纺织声，夙兴夜寐，勿失其常，蔬食菜羹，各安其素。目前虽门寒族薄，其兴也可翘足而待。先辈诗云：入观庭户知勤惰，一出茶汤便见妻。父老奔驰无孝子，要知贤母看儿衣。盖登人之堂，即知室中之事矣。

【译文】

从来没有家庭气氛和睦而家不太平兴旺的；从来没有家庭中暴戾之气集聚而家不衰败的。

闺门之内，不出戏言，
则刑于之化行矣。

房帷之中，不闻戏笑，
则相敬之风著矣。

【原注】

夫妇之间，以狎昵始，未有不以怨怒终者。故闺门之内，离一礼字不得。而夫妇反目，则不以礼节之故也。

【译文】

在家门内不说轻薄话语，则夫妻关系和睦；在床榻上听不见轻佻戏笑，则相敬如宾的家风随之形成。

人之于嫡室也，宜防其蔽子之过；
人之于继室也，宜防其诬子之过。

【译文】

对于原配，应防她庇护子女的过失；对于继室，应防她诬赖前室子女的过错。

仆虽能，不可使与内事；
妻虽贤，不可使与外事。

【原注】

居家以内外界限谨严为第一。礼云：外言不入于阃，内言不出于阃，于此见圣贤防微杜渐之意。有闲家之责者，竟以此为门内之人鬼关可也。沃起凤云：今日奸徒聚众借名说法，渔色赚财，其罪固在不赦。而为其所惑者，听其家之妇女源源入庵观寺院，以致宣淫播秽，败俗伤风，恶得尽无罪哉。至若外来之闲杂女流，併宜痛绝。盖此辈善揣人意，专一传播各家新闻，以悦妇女。暗中盗哄财物，尚是小事。常有诱为不端，魇魅刁拐，种种非一，其害有不可胜言者。

【译文】

仆人即便能干，也不能让他参与家庭内部的事；妻子即便贤惠，也不可让她参与家庭以外的事。

奴仆得罪于我者尚可恕，得罪于人者不可恕；
子孙得罪于人者尚可恕，得罪于天者不可恕。

【原注】

高宗宪公《家训》云：人家有体面崖岸之说，大害事。家人惹事，直者置之，曲者治之而已。往往为体面立崖岸，曲护其短，力直其事，此乃自伤体面，自毁崖岸也。长小人之志，生不测之变，多由于此。盖观其仆从之敬肆，即可以知其主之贤否矣。先哲云：驭仆如行军，法律要严，情意要洽。又云：待仆婢须体恤备至，当推吾爱子女之心以恕之。又云：仆婢悍恶者，稍觉，即善遣之为妙。责而不遣，或蓄怒不决，或攻发太骤，未有不及于祸者。慎之。

【译文】

我的奴仆得罪了我尚且可以宽恕，得罪外人则不可宽恕；子孙得罪了别人尚且可以宽恕，违逆天理却不可宽恕。

奴之不祥，莫大于传主人之谤语；
主之不祥，莫大于行仆婢之谮言。

【原注】

家人之衅，多起于仆婢造言，而妇人悦之。妇人附会，而丈夫信之。禁此二害，而家不和睦者，鲜矣。
【注释】
　　①譖（zèn）言：进谗言；说别人的坏话。
【译文】
　　奴仆品质不好，莫过于传对主人的毁谤之语；主人的不善，莫过于轻信奴仆的诬言。

　　　治家严，家乃和；
　　　居乡恕，乡乃睦。
　　　治家忌宽，而尤忌严；
　　　居家忌奢，而尤忌啬。

【原注】
　　治家原贵用严，此所谓严，乃指苛刻者而言。常见有十分精谨、一丝不漏者，每致不测之祸。鄙啬之极，必生奢儿。
【译文】
　　治家严厉，家庭就能和睦；居于乡里以恕待人，乡里才能和睦。治家不能太宽松，但更忌讳过于严厉；持家切忌奢侈无度，但更忌讳吝啬。

　　　无正经人交接，其人必是奸邪；
　　　无穷亲友往来，其家必然势利。

【原注】
　　所谓正经人者，乃是笃实不欺之君子。非若俗眼所见，为体面人物也。此处不可错认。家居耐俗汉，亦是无可奈何处。寻常亲故往来，安得皆名门望族！须当接待以礼，勿蹈

浮薄之弊。
【译文】
　　没有正经人愿与之交往，这个人必是个奸邪之徒；没有穷亲友与之来往，这家人必定势利。

　　日光照天，群物皆作，人灵于物，寐而不觉，
　　是谓天起人不起，必为天神所谴，
　　如君上临朝，臣下高卧失误，不免罚责；
　　夜漏三更，群物皆息，人灵于物，烟酒沉溺，
　　是谓地眠人不眠，必为地祇所诃，
　　如家主欲睡，仆婢喧闹不休，定遭鞭笞。

【原注】
　　夙兴夜寐，常道也；俾昼作夜，反常也。朱柏庐谓黎明即起者，盖谓人生于寅，为一日作事之始，此时起来，最得清明之气。且办事亦绰绰有作。若长此酣睡，其昏惰可知，而家政之废弛，更不待问矣。先哲云：观人家之起卧早晚，即可以卜家道之兴衰，历试历验。近见纨绮子弟，沉溺于嗜欲之途，每有日午始兴，鸡鸣始寝者，反天地之性，悖阴阳之宜，不祥莫大于是。正家法者，无之也；贤子弟者，无之也；勤以治生者，无之也。
【译文】
　　阳光普照，万物苏醒，人为万物之灵，如果睡到天亮而不醒，所谓天起人不起，必受到上天谴责，犹如君王早朝而臣子酣睡不起误了国事，必遭责罚。三更半夜，万物沉寂，人为万物之灵，如果仍然沉溺于烟酒，所谓地眠人不眠，必受到土地神的责骂，犹如家中主人要睡觉而奴仆仍吵闹不休，

必遭主人鞭打。

　　　　楼下不宜供神，虑楼上之秽亵；
　　　　屋后必须开户，防屋前之火灾。

【原注】
　　并忌作书室。
【译文】
　　楼下不宜奉神位，这是担心楼上的污秽会亵渎神灵；屋后墙必开后门，以防屋前发生火灾无法逃生。

# 格言联璧

## 从政类

眼前百姓即儿孙，莫谓百姓可欺，
且留下儿孙地步；
堂上一官称父母，漫道一官好做，
还尽些父母恩情。

【原注】

汪龙庄《学治臆说》云：州县一官，作孽易，造福亦易。余所见所闻牧令多矣，其于阳谴阳，祸亲于其身，累及嗣子者，率皆护上腹民之能吏。其嗣子有罹辟者，或流落所官之地，为农氓乞养，甚为富室司阍，人犹呼某少爷以揶揄之。至遗榇不能归葬者不一，姓名尚在人口，余不忍书也。而其勤政爱民，异于常吏之为者，皆亲见其子之为太史，为侍御，为司道。天之报施捷于响应，吾愿居是职者，慎毋忘福孽之见也。惟是造福云者，非曲法求宽之谓也。人之生，直多枉少。直者弱，枉者强。故姑息养奸，则宽一枉而枉逞凶；能除暴安良，则惩一枉而诸枉敛迹。是即福孽之所由分也。子产宽猛之论，可不熟读深思欤？

【译文】

官员面前的百姓便像他的儿孙，不要认为百姓软弱可欺，应像对待自己的儿孙一样为他们留下余地；堂上坐的官称为父母官，不要以为一官好当，还应尽些做父母的道义恩情。

善体黎庶情，此谓民之父母；
广行阴骘事，以能保我子孙。

【原注】

汪龙庄云：治堂下百姓，当念家中子孙。将治士子，则念子孙有为士子之日；将治白丁，则念子孙有为白丁之日。自然躁释矜平，终归仁恕。不然，喜怒由己，枉滥多矣。

【注释】

①阴骘（zhì）：即"阴德"，旧指暗中有德于人的行为。

【译文】

能体恤民情，这叫百姓的父母官；多做积阴德的事，以保佑子孙后代兴旺。

封赠父祖易得也，无使人唾骂父祖难得也；
恩荫子孙易得也，无使我毒害子孙难得也。

【原注】

居家而思其难者，则父祖之泽长，子孙之祚远矣。

【译文】

因功业使父亲、祖父受封赏容易，要不使别人唾骂父亲、祖父难；凭功勋为子孙积阴德容易，要不使子孙反受其害难。

洁己方能不失己，爱民所重在亲民。

【原注】

汪龙庄云：亲民之道，全在体恤民隐，惜民之力，节民之财，遇之以诚，示之以信，不觉官之可畏，而觉官之可感，斯有官民一体之象也。蔡文勤公云：亲民之官，其要有三：曰息讼、薄赋、兴教而已。顾亭林云：今日所以变化人心，荡涤污俗，莫急于勤学、奖励二事。

【译文】

为官清正廉洁才能不失自己的本色，爱护民众最重要的是在于亲近民众。

朝廷立法不可不严,有司行法不可不恕。

【原注】

吕新吾云:法至于平,尽矣。君子又加之以恕。平者公也,恕者仁也。彼不平者加之以深,不恕者加之以刻,其伤天地之和多矣。陈榕门云:平恕二字,千古立法之极则,亦千古行法之极则。汪龙庄云:律设大法,例顺人情。法所不容姑脱者,原不容曲法以长奸;情尚可以从宽者,总不妨原情而略法。准情用法,庶不干造物之和。湖州韩某,当为府中皂隶,时遇一酷吏,每行杖,要三板见血。韩钻杖下一孔,藏猪血于中,复以竹片镶好,不使人知。持以行杖,不及三板,而猪血溅出,阴受其福者不少。噫!慈心如此,视彼酷吏,相去殆有人禽之别矣。近闻湖南某官,每夜饮高兴时,辄将监内罪犯提出醒酒,此真全无人心者。后某官一子,无故大叫,追呼不已,未几卒,嗣遂绝。

【译文】

朝廷制定法律,不能不严厉,官署执行法律,却不能没有宽恕之心。

严以驭役而宽以恤民,
极于扬善而勇于去奸,
缓于催科①而勤于抚字②。

【注释】

①催科:指催收租税。

②抚字：对女子的爱护养育。旧时亦用以称颂官吏治理民政。

【译文】

对差役要严厉，对百姓要宽厚体恤。竭力表彰善行，勇于除奸去邪。催缴赋税应缓和，安抚百姓要殷勤。

催科不扰，催科中抚众；
刑罚不差，刑罚中教化。

【原注】

陈榕门云：洞见致治之大原，可药俗吏之锢弊。

【译文】

催征赋税而不惊扰黎民，要在催征中安抚百姓；施用刑罚不出差错，要通过刑罚教化百姓。

刑罚当宽处即宽，草木亦上天生命；
财用可省时便省，丝毫皆下民脂膏。

【译文】

处以刑罚能宽大之处就宽大，草木也是上天赋予的生命，何况人；财物费用可节省的就节省，须知一丝一毫都是民脂民膏。

居家为妇女们爱怜，朋友心多怒色；
做官为衙门人欢喜，百姓定有怨声。

【原注】

朱胜之云：吏书贪，吾词不付房。皂隶贪，吾不妄行杖。狱卒贪，吾不轻系囚。至于妇人有犯，更宜矜全，不可轻系。非为轸恤，亦子孙之福也。旧家妇女，必不得已而传质者，许用小轿抬至案前答问，不令出轿被人观看。居官能为妇女养廉耻，莫大阴功。高忠宪公云：凡勾摄，止差里长，非真正强盗、人命巨恶，不可滥差皂隶下乡，以滋诈扰，是造福小民第一义。汪待举知处州，为政曲尽下情，民有争讼，呼之使前，面定曲直，不以属吏。百姓以诗颂之曰：官舍却如僧舍静，吏人浑似野人闲。

【译文】

在家中只图妻子儿女欢心，则朋友大多不高兴；做官只被官场中的人喜欢，则百姓定会抱怨。

官不必尊显，期于无负君亲；
道不必博施，要在有裨民物。
禄岂须多，防满则退；
年不待暮，有疾便辞。
天非私富一人，托以众贫者之命；
天非私贵一人，托以众贱者之身。

【原注】

有德而富贵者，乘富贵之势以利物；无德而富贵者，乘富贵之势以害人。

【译文】

做官不一定要尊贵显达，只要无愧于朝廷和父母；行善不必广泛施予，只要对民生有益。做官的俸禄不需太多，以免钱多反要退财；不需等到年老，有病就应辞官。上天并非只让为官的一人富有，是众多的贫困者的命运衬托着你；上天并非只让为官的一人显贵，是众多的普通百姓的身世衬托着你。

住世一日，要做一日好人；
为官一日，要行一日好事。

【原注】

做好人，性情舒畅，血气和平，梦里清静，有说不尽的妙处。陈眉公云：人生一日，或闻一善言，见一善行，行一善事，此日方不虚生。熊勉庵云：积德累功，莫如居官为易。所谓顺风之呼，响应自捷，往往有一事而可当千百善者。又云：凡职任朝廷耳目者，须详访民害，为生灵请命。则一举笔间，可种永远之福田。一人可以日行万善者，莫捷于居官。

【译文】

活在世上一天就要做一天好人，为官一天就要做一天好事。

贫贱人栉风沐雨①，万苦千辛，
自家血汗自家消受，天之鉴察犹恕；
富贵人衣税食租，担爵受禄，
万民血汗一人消受，天之督责更严。

【注释】

①栉（zhì）风沐雨：栉，梳头发；沐，洗头发。风梳头，雨洗头，形容旅途奔波的辛劳。

【译文】

贫苦的人终日风吹雨淋为生活奔波,千辛万苦,自己食用自己用血汗换来的衣食,上天看了都觉得可恕;做官的人享受朝廷俸禄,衣食住行都是百姓用血汗供养,因此上天对他们的监督责罚应更加严厉。

平日诚以治民,而民信之,
则凡有事于民,无不应矣。
平日诚以事天,而天信之,
则凡有祷于天,无不应矣。

【译文】

平常诚恳对待百姓,百姓信任他,只要有事有求于百姓,没有不响应的。平时虔诚对待上天,上天信任他,只要有事祷告于天,没有不应验的。

平民肯种德施惠,便是无位底卿相;
士夫徒贪权希宠,竟成有爵底乞儿。

【原注】

高忠宪公云:人生爵位,自是分定,非可营求。只看得义命二字透,落得做个君子。不然,空污秽清净世界,空玷辱清白家门,不如穷檐茆屋,田夫牧子,老死而人不闻者,免得出一番大丑也。

【译文】

平民若肯积德施恩,他便是没官位的大官;为官者若是一味贪权争宠,只是有官位的乞丐。

无功而食,雀鼠是已;
肆害而食,虎狼是已。

**【原注】**
士大夫当图诸座右。

**【译文】**
无功于民而食俸禄,这样的为官者就像老鼠、麻雀一样;肆意残害百姓而食俸禄,这样的为官者则是凶猛的虎狼。

毋矜清而傲浊,毋慎大而忽小,毋勤始而怠终。

**【原注】**
清慎勤,是居官本等。居官尚清,固已。惟清而刻,则百姓之生命绝矣。故不独贪财酷刑,方谓之虐。或只知急公,而不知抚恤;或疾恶太过,而不容自新,皆虐也。古来清吏,子孙类多不振,并至斩后者,正坐此耳。熊勉庵云:居官以清,士君子分内事。清非难,不见其清为难。不恃其清而操切凌轹人,为尤难。

**【译文】**
不要孤芳自赏而傲视他人,不可只谨慎大事而忽略小事,做事不要有始无终。

勤能补拙,俭以养廉。

**【原注】**
汪龙庄云:国家澄叙官方,首严墨吏。人即不自爱,未有甘以墨败者。资用既绌,左右效忠之辈,进献利策,多在

可以无取、可以取之间。意谓伤廉尚小,不妨姑试,利径一开,万难再窒。情移势逼,欲罢不能,或被下人牵鼻,或受上官掣肘,卒之利尽归人,害独归己。败以身殉,不败亦殃及子孙,皆由不节之一念基之。故欲为清白吏,必自节用始。

【译文】

勤劳能弥补笨拙,俭朴可以培养廉洁。

居官廉,人以为百姓受福,
予以为锡①福于子孙者不浅也,
曾见有约己裕民者,后代不昌大耶?
居官浊,人以为百姓受害,
予以为贻害于子孙者不浅也,
曾见有瘠众肥家者,历世得久长耶?

【原注】

今之论居官者,辄曰近世却难为廉,不知公论自在,到底清白持躬,亦自有赏识之者。患在先以流品自限,到头一节,不能尽无染指耳。颜光衷云:黩货则必酷,彼以为不打,则群情不惊,宝贿不来也。黩货则必横,彼以为不颠倒曲直,则理胜于权,人情有所恃以无恐也。黩货则必获近习,通意旨,彼以为不虎噬成群,则威令不重。不曲庇私人,则过付无托。且短长既为所挟制,阴阳有所屈也。一贪生百酷,一酷吏又生百爪牙。吁!民几何而不穷且盗哉。

【注释】

①锡:与,赐给。通"赐"。《书·尧典》:"师锡帝曰:有鳏在下。"《传》:"锡,与也。"

**【译文】**

　　为官清廉，人们都以为百姓有福气，我认为他的子孙也受福不浅。可曾见过自己俭约而厚待百姓的官，他的后代有不昌盛发达的？为官不清廉的人，人们都以为百姓受害，但我认为他的子孙受害更多。可曾见过损公肥私的官，他的后代能长久的？

　　　　以林皋①安乐懒散心做官，未有不荒怠者；
　　　　以在家治生营产心做官，未有不贪鄙者。

**【原注】**

　　陈榕门云：居官者之身心，所托命者几何人？一日之内，所待理者几何事？一有安乐懒散之心，是直以官为戏，民生休戚那得复到胸中耶？居官者洁己以爱民，毋剥民以益己，若竟当作治生营产，是必日在小民分上，较量锱铢。知有己不知有民，吝于出复奢于人，其始也鄙，其继也必至于贪。

**【注释】**

　　①林皋：山林水泽，借指退隐之地。

**【译文】**

　　以隐居山野安乐闲逸之心来做官，政事没有不荒废懈怠的；以经营自家产业之心来做官，没有不贪婪卑鄙的。

　　　　念念用之君民，则为吉士。
　　　　念念用之套数，则为俗吏。
　　　　念念用之身家，则为贼臣。

【原注】

　　吕新吾云：而今士大夫聚首时，只问我辈奔奔忙忙，熬熬煎煎，是为天下国家，欲济世安民乎？抑为自家妻子，欲位高金多乎？世之治乱，民之死生，国之安危，只于这两个念头定了。嗟夫！吾辈日多，而世益苦；吾辈日贵，而民日穷。世何贵于有吾辈哉！魏环溪云：尝见居官者，不问职掌尽否，兴利除害几何，百姓安危何以。辄问何时升转，何日出差，地方好否，宦囊有无，迁移者有谁照管，淹滞者是谁阻抑。凡问及此，即为薄待天下之人。不但问者如此立论，即本人亦无不如此设想。宦途至此，可为伤心矣！

【译文】

　　一心只想为君主和百姓尽力的官，是正直的士人。一心摸透做官套路招数的官，是一般的俗吏。一心只为谋取个人私利的官，便是奸臣。

　　　　古之从仕者养人，今之从仕者养己。
　　　　古之居官也，在下民身上做工夫；
　　　　今之居官也，在上官眼底做工夫。

【原注】

　　周石藩云：做官要将纱帽看得破。做一日官，办一日事，决不要辜负他。得做便做，不得做便不做，去就绰然，庶无患得患失之虑。若钻刺夤缘，独私垄断，究竟一片热中，皆成幻境，何苦于此。

【译文】

　　古代做官的人抚恤百姓，现在做官的人则只关心自己。古代做官的人千方百计为百姓谋取福利，现在做官的人则想方设法欺骗或讨好上司。

在家者不知有官，方能守本分；
在官者不知有家，方能尽本分。

【译文】
在家的人不知道去求官位利禄，才能守本分；做官的人忘却自己有家，才能尽其职分。

君子当官任职，不计难易，
而志在济人，故动辄成功；
小人苟禄营私，只任便安，
而意在利己，故动多败事。

【原注】
所计者是非耳。避害而害未必免，趋利而利未必得，往往如此。

【译文】
君子做官不计较事情的难易，其志向只在于帮助百姓，所以往往能成功；小人做官则苟求俸禄贪图私利，只做容易的事，所以往往身败名裂。

职业是当然底，每日做他不尽，莫要认作假；
权势是偶然底，有日还他主者，莫要认作真。

【原注】
吕新吾云：世人把天地真实道理，作虚套子干，把世间

虚套子，却作实事干。吁！所从来久矣！非霹雳手段，那得变此锢习。陈榕门云：此种习气官场尤甚。

【译文】

　　职务是应尽的，每天做不完，要认真对待，切莫弄虚作假；权势是偶然的，有朝一日会失去，所以不必看得太当真。

　　　　一切人为恶，犹可言也，惟读书人不可为恶，
　　　　读书人为恶，更无教化之人矣。
　　　　一切人犯法，犹可言也，惟做官人不可犯法，
　　　　做官人犯法，更无禁治之人也。

【译文】

　　其他任何人做坏事都情有可原，只有读书人不能作恶，否则便没有可以教化百姓的人了。百姓犯法还说得过去，惟独做官的人不能犯法，否则便没有可以执法治世的人了。

　　　　士大夫济人利物，宜居其实，
　　　　不宜居其名，居其名则德损；
　　　　士大夫忧国为民，当有其心，
　　　　不当有其语，有其语则毁来。

【译文】

　　做官的人救世济民，应当落在实处，不应只图名声，只图名声就损害了德行；做官的人忧国忧民，应有真心，不应流为空谈，空谈则招来诽谤。

　　　　以处女之自爱者爱身，

以严父之教子者教士。
执法如山，守身如玉，
爱民如子，去蠹如仇。

【原注】
　　锄奸杜恶，要放他一条路去。苟使之一无所容，譬如防川者，若尽绝其流，则堤岸必溃矣。
【译文】
　　爱惜自己的名节如处女守身，教导人如严父教子。执法威严，守身如玉，爱民如子，疾恶如仇。

陷一无辜，与操刀杀人者何别？
释一大憝，与纵虎伤人者无殊！

【原注】
　　憝，恶也。高忠宪公云：恶人者，良民之蟊贼。蟊贼去而良民始安。凡讼师地棍之类，访其首恶重治，仍籍之于官，使禁其党类。一有党类诈害良民者，并其首治之。居官能思害民在何处，思过半矣。
【译文】
　　陷害一个无辜的人，与持刀杀人的人有什么区别？放走一个大恶人，与纵虎伤人的人没什么两样。

针芒刺手，茨棘①伤足，举体痛楚，
刑惨百倍于此，可以喜怒施之乎！
虎豹在前，坑阱在后，百般呼号，
狱犴②何异于此，可使无辜坐之乎！

【原注】

熊勉庵云：听讼凡觉有一毫怒意，切不可用刑，即稍停片刻，待心气平和，从头再问。未能治人之顽，先当平己之忿。尝见居官者，因怒而严刑以泄忿。嗟嗟！伤彼父母遗体，而泄吾一时忿恨，欲子孙之昌盛，得乎？吕新吾云：为上者之用威，所以行理也，非以行势也。理屈而威以劫之，则能使之死，而不能使之服矣。大盗昏夜持利刃而加人之颈，人焉得而不畏哉？伸无理之威以服人，盗之类也。又云：予尝怒一卒，欲重治之，召之久不至，减予怒之半；又久之而后至，诟之而止。因自笑曰：是怒也，始发而中节耶？中减而中节耶？终止而中节耶？惟圣人之怒，初发时便恰好，始终只是一个念头不变。陈榕门云：前后原非两念，只是初发时，义理不能制血气耳。血气稍平，义理依然中节。人能于怒时，便想到此，自无过当之事。生人之苦，牢狱为最，而暑月尤甚。仁人君子，既奉热审矜减之例，仿行未减者，清理一番，其重囚乃在系者，务遣幕官扫囹圄，涤架杻，以广圣主好生之仁。又不时吊阅监簿，分别矜释，务使眼前火坑化作清凉世界。此只在当道者念头动，舌头动，笔头动，一霎时间，德被覆载矣。历观古来制酷刑及严犴狴者，必灾及其身，并祸延子孙，纪载彰彰矣。

【注释】

①茨（cí）棘：蒺藜和荆棘。泛指有刺的植物。

②狱犴（àn）：牢狱。

【译文】

用针尖、麦芒刺手，蒺藜、荆棘扎脚，尚且全身都会感到疼痛，何况严刑的惨痛更比这胜过百倍，执法者可以凭自己的喜怒滥用刑罚吗？虎豹等猛兽在前，陷阱深谷在后，尚且令人哀号不断，牢狱中的处境与此有什么不同？执法者怎么能让无辜的人坐牢呢？

官虽至尊，决不可以人之生命，佐己之喜怒；
官虽至卑，决不可以己之名节，佐人之喜怒。

【原注】
先哲云：居官之难，不在依违二三，而在虚心观察。盖一人坐狱，阖户号啼；一罪爰成，妻孥典鬻。其可妄逞喜怒，任己见以从事乎？佐贰官受杖头钱，替势要出气，子孙未有不灭绝者。历验不爽。

【译文】
官位再高，也绝不能用别人的生命来满足自己的喜怒情绪；官位虽卑，也绝不能以自己的名声节操去讨好别人的喜怒之情。

听断之官，成心必不可有；
任事之官，成算必不可无。

【译文】
断案的官吏，不能有成见；办理事务的官吏，不能无计算。

无关紧要之票，概不标判，则吏胥无权；
不相交涉之人，概不往来，则关防自密。

【原注】

汪龙庄云：居官宜省票差，公役中岂有端人？此辈下乡，势如狼虎。余尝目击而心伤之。是以昔年佐幕，每属主人勿轻签差；及身亲为之，于此尤慎。吾愿幕之留神，尤望官之留意。蒲留仙云：居官者不滥受词讼，即是盛德。张梦复云：古人美王司徒之德曰：门无杂宾，此最有味。大约门下奔走之客，有损无益，主人以清正高简安静为美，于彼何利焉？可以啖之以利，可以动之以名，可以怵之以利害，则欣动其主人。主人不可动，则诱其子弟、诱其僮仆。外探无稽之言，以荧惑其视听；内泄机密之语，以夸示其交游。甚且以伪为真，将无作有，以徼幸其语之或验，则从中而取利焉。或居要津之位，或处权势之地，尤当远之益远也。又有挟术技以游者，彼皆藉一艺以售其身，渐与仕宦相亲密，而遂以乘机邂会，其本念决不在专售其技也。挟术以游者，往往如此。故此辈之朴讷迂钝者，犹当慎其晋接；若狡黠便佞，好生事端，踪迹诡秘者，以不识其人，不知其姓名为善。勿曰：我持正，彼安能惑我？我明察，彼不能蔽我。恐久之自堕其术中也。

【译文】

无关紧要的政令公文，一概不签发，那么衙役无法滥用职权；与公务不相干的人，一概不结识，则防备自然严密。

　　　　无辜牵累难堪，非紧要，
　　　　只须两造对质，保全多少身家！
　　　　疑案转移甚大，无确据，
　　　　便当末减从宽，休养几人性命。

【原注】

自古仁人治狱,皆以不株连及速结为上。蒲留仙云:每见一词之中,急要不可少者,不过数人,其余皆无辜之赤子,妄被罗织者也。带一名于纸尾,遂成附骨之疽,受万罪于公门,竟属切肤之痛。而究之官问不及,吏诘不至,其实一无所用。只足以倾家破产,饱蠹役之贪囊;鬻子典妻,泄小人之私忿而已。深愿为官者,每投到时,略一审诘,当遂释之,不当遂笞之。不过一濡毫、一动腕之间,便保全多少身家,培养多少元气。从政者曾不一念及此,又何必桁杨刀锯能杀人哉!熊勉庵云:居官行法,不能一概去杀。独不曰留意开释,常存生意乎?一在疑是勿杀,二在株连勿杀,三在贿托勿杀,四在为人胁从勿杀,五在已经降顺勿杀。又云:刑法之设,原非得已。有可生之路,而不为之急白,是亦杀也。居官点狱,岂可拘守前案,奉承上司,而见死不救哉!杀人以媚人意,不过谓雷霆之下,恐有不测,惧以身为之继耳!然徐有功、狄梁公,俱以辩冤获罪,濒危不死,而希旨罗织者,往往以及其身。死生有命,安可中立祈免!即不幸死以救人,与死于杀人之报,孰得孰失,从政者当知自处矣!欧阳观为推官,留心谳狱,尝夜阅文书,屡废而叹。妻问之,曰:此死狱也,我求其生不得耳。妻曰:生可求乎?曰:求其生而不得,则死者与我两无憾也,矧求其生而有得耶?其子修,文章名世,位至宰相。

【译文】

牵累无辜,陷入窘境,只要双方对质,便可保全许多人的名声!疑案辗转多次,没有确凿的证据,便应当从宽发落,可多保全几个人的性命。

呆子之患,深于浪子,以其终无转智;
昏官之害,甚于贪官,以其狼藉及人。

【原注】

滥准、株连、差拘、监禁、保押、淹留、解审、照提,此八者,狱情之大忌也,仁人之所隐痛也,居官者慎之。

【译文】

痴呆的人造成的祸患比浪子更大,因为他毕竟没法变聪明;昏官对百姓造成的危害比贪官还重,因为他的昏庸会伤害人民。

官肯著意一分,民受十分之惠;
上能吃苦一点,民沾万点之恩。

【原注】

汪龙庄云:居官者怠之祸人,甚于贪酷。贪酷有迹,著在人口;阘宂之害,万难指数。受者痛切肌肤,见者不关痛痒。闻者或且代为之解曰:官事殷忙,势不暇及。官遂习为故常,而不知孽之所积,神实鉴之。夫民以力资生,荒其一日之力,即窘其一日之生。余居乡时,见人赴城投状,率皆两日往还。已而候批,已而差传,倩亲觅友,料理差房,营营奔走,动辄经旬。至于示审有期,又必邀同邻证,先期入城;并有亲友之关切者,偕行观看。及至期临示改,或狡者有所牵引,谕俊覆讯,则期无一定,或三五日,或一二十日,差不容离,民须守候。工商矿业,农佃雇替,差房之应酬,城寓之食用,无一可省。迨事结,而两造力已不支,辗转匮乏,甚有羁縻公所,饥寒疾病,因而致死者。呜呼,官若肯勤，何至于是！其负屈不审，抑郁毕命者，无论已。更有事遭横逆，不得已告官，候之久而批发，又候之久而传番，中间数日，横逆之徒，复从而肆扰，皆怠者滋之害也。故莫善于受牒时诘讯，虚即发还，其准理者，越夕批发，克期讯结。官止早费数刻心，省差房多方需索，养两造无限精神，此居官第一阴德事也。

**【译文】**
　　做官的人肯多关心百姓一分，百姓就会得到十分恩惠；做官的肯多吃一点苦，民众就会受到万分恩惠。


　　礼繁则难行，卒成废阁之书；
　　法繁则易犯，益甚决裂之罪。

**【译文】**
　　礼节过多则难以遵行，最后就像废书那样束之高阁；法律庞杂容易触犯，其危害更超过死刑。


　　善启迪人心者，当因其所明而渐通之，
　　毋强开其所闭；善移易风俗者，
　　当因其所易而渐反之，毋强矫其所难。


**【原注】**
　　居官以化导为事，更宜知此。吕新吾云：十分见识人，与九分者说，便不能了悟，况智愚相去远甚乎？所贵有识而居人上者，正以其能就无识之人，因其微长而善用之也。不但得体，亦可集事。

【译文】

　　善于教导民众的人,应采取百姓容易明白的方式,渐渐使他们想通,而不能强迫他接受他所不明白的;善于移风易俗的人,应当按百姓容易接受的方式,慢慢使他们转变,而不要用强制手段去改变原有的风俗。

　　　　非甚不便于民,且莫妄更;
　　　　非大有益于民,则莫轻举。

【原注】

　　居官者,须视俗以施教,察失而立防,是当今政教之极则也。

【译文】

　　不是非常不利于百姓的法令,不要轻易改动;不是特别有益于民众的法令,不要轻易执行。

　　　　情有可通,旧有者不必过裁抑,免生寡恩之怨;
　　　　事在得已,旧无者不必妄增设,免开多事之门。

【原注】

　　若理当革,时当兴,合于事势人情,则非所拘矣。

【译文】

　　情有可原,就不要将原有的人员过多裁撤贬抑,以免使人觉得你薄情寡义而心生怨恨;事在可行,就不要随意增设原来没有的机构,以免造成人浮于事、互相推诿的局面。

　　　　为前人者,无干誉矫情,

立一切不可常之法，以难后人；
为后人者，无矜能露迹，
为一朝即改革之政，以苦前人。

【原注】
此不惟不近人情，政体自不宜尔。若恶政弊规，不妨改图。只是浑厚，便好。

【译文】
先人不要为了沽名钓誉和标新立异，制定许多不能长期执行的法律，使后人难以执行；后人不要为自夸其才和自显其能，施行短时间即须改革的政令，使先人为难。

事在当因，不为后人开无故之端；
事在当革，无使后人长不救之祸。

【原注】
吕新吾云：新法非真有益于前，并无损于后，不可立也；旧法非于事万无益，于理大有害，不可更也。要在文者实之，偏者救之，敝者补之，流者反之，怠废者申明而振作之。此治体调停之中策，百世可循者也。又云：一法立而一弊生，诚是。然因弊生而不立法，未见其为是也。夫立法以禁弊，犹为防以止水也，堤薄土疏，而乘隙溃决，诚有之矣，未有因决而废防者。无弊之法，虽尧舜不能；生弊之法，亦立法者之拙也。故圣人不苟立法，不惩小弊而废良法，不因一时之弊而废可久之法。又云：君子办大事，十利而无一害，其举之也必矣。不得已而权其分数之多寡，利七而害三，则吾全其利而防其害。又较其事之重轻，亦有九害而一利者为之，

所利重而所害轻也，所利急而所害缓也，所利难而所害可救也，所利久长而所害一时也。此难为浅见薄识者道。陈榕门云：就利害中权其多寡、重轻、缓急、久暂，此为政至当不易之权衡度量也。

【译文】

该因循沿袭的法令，不要轻易改变，以免为后人开无故乱改的先河；必须改革的旧规，不要因循，不要给后人留下难以补救的祸患。

  利在一身勿谋也，利在天下者谋之；
  利在一时勿谋也，利在万世者谋之。

【原注】

吕新吾云：法有九利，不能必其无一害；法有始利，不能必其不终弊。无知之口，乃执一害终弊之说，而讪笑之。不曰天下本无事，安常袭故何妨！则曰事势本难为，好动喜事何苦！至大坏极敝，瓦解土崩，而后付之天命焉。呜呼！国家养士何为哉？士君子委质何为哉？儒者以宇宙为分内事何为哉？

【译文】

利益只在一身，就不要去谋取；对天下百姓有利，则当尽心谋划；利益只在一时，就不要去谋取，对千秋万代有功，则当尽心谋划。

  莫为婴儿之态，而有大人之器。
  莫为一身之谋，而有天下之志。
  莫为终身之计，而有后世之虑。

【原注】

　　总是为天下，不为一身；计久远，不计目前。可为居官者法。

【译文】

　　不要有小孩子的姿态，而应有成年人的器量。不要为自己一人谋私利，而要有为天下谋福的志气。不要只谋划自己一生，而要有为后世子孙谋利的思虑。

　　　　用三代①以前见识，而不失之迂；
　　　　就三代以后家数，而不邻于俗。

【原注】

　　陈榕门云：学古易迂，随时易俗。不迂不俗，自有一番援古证今、变通官民的道理。

【注释】

　　①三代：古书中指夏、商、周三个朝代。另也解释为祖、父、子或曾祖、祖父、父三代。

【译文】

　　借用三代以前的见识，但不要迂腐；借用三代以后的经验，但不要落入俗套。

　　　　大智兴邦，不过集众思；
　　　　大愚误国，只为好自用。

【译文】

　　有大智慧的人能兴国安邦，但那不过是集思广益的结果；愚蠢透顶的人使国家遭受祸害，只因为他喜欢刚愎自用。

吾爵益高，吾志益下。
吾官益大，吾心益小。
吾禄益厚，吾施益博。

【译文】

官位愈高意气要愈谦，官位愈高欲念要愈少，俸禄愈厚施舍要愈广。

安民者何，无求于民，则民安矣。
察吏者何，无求于吏，则吏察矣。

【译文】

怎样使百姓安乐？即不向百姓横征暴敛，百姓就会安乐了。怎样监督官吏？即不向官吏要求太多，他们就可以清明了。

不可假公法以报私仇，
不可假公法以报私德。
天德只是个无我，王道只是个爱人。

【原注】

陈榕门云：体用一原的道理，说得如画沙印泥。

【译文】

不能借国家律法来报私人恩怨。公德在于无私，王道在于爱民。

惟有主，则天地万物自我而立；

必无私,斯上下四旁咸得其平。

【译文】

只要有主见,则对待一切事物都有自己的准则;必须要没私心,这样才能公正平和地对待一切。

治道之要,在知人。君德之要,在体仁。
御臣之要,在推诚。用人之要,在择言。
理财之要,在经制。足用之要,在薄敛。
除寇之要,在安民。

【译文】

治国的关键在于知人善任,君王的德行关键在于体恤仁爱,统御臣下的关键在于以诚相待,用人的关键在于善于纳言,理财的关键在于经济制度,丰衣足食的关键在于轻征薄赋,消除盗匪的关键在于使人民安乐。

未用兵时,全要虚心用人;
既用兵时,全要实心活人。

【译文】

没有战争时,要虚怀若谷、广纳贤才;战争发生时,则要有仁慈之心保护生命。

天下不可一日无君,故夷齐①非汤武②,
明臣道也。不然,则乱臣接踵而难为君。
天下不可一日无民,故孔孟是汤武,

明君道也。不然，则暴君接踵而难为民。

【注释】

①夷、齐：商末孤竹君之子伯夷、叔齐。反对周武王讨伐商王朝，不食周粟而饿死。

②汤：商朝的建立者。武：周武王姬发，西周王朝的建立者。

【译文】

国家不能一天没有君主，所以伯夷、叔齐等圣贤否定商汤和周武，以此申明为臣之道。不然，逆臣接踵而来，君主难以为君。天下不能一天没有百姓，所以孔子、孟子等大儒肯定商汤和周武，以此申明为君之道，不然，暴君不断产生，百姓难以为生。

庙堂之上，以养正气为先；
海宇之内，以养元气为本。

【原注】

能使贤人君子无郁心之言，则正气伸矣；能使群黎百姓无腹诽之语，则元气固矣。此万世帝王保天下之要道也。陈榕门云：就人才上论，则为正气；就百姓上论，则为元气。庙堂之正气不失，则海宇之元气自固，圣贤以及万民，其理如此。

【译文】

朝廷上以倡导正气为要事，一国中以养护黎民为根本。

人身之所重者元气，国家之所重者人才。

【译文】

对于人身体来说,最重要的是元气;对于国家而言,最重要的是人才。

# 格言联璧

## 惠言类

圣人敛福，君子考祥。
作德日休，为善最乐。

【译文】

圣人积聚福泽，君子成就吉祥。日日修养德行，做善事最快乐。

开卷有益，作善降祥。

【译文】

只要读书，就有收获；只要为善，就会吉祥。

崇德效山，藏器学海。
群居守口，独坐防心。

【注释】

①藏器：收藏才能。《易·系辞下》："君子藏器于身，待时而动，何不利之有。"器，引申为才能。

【译文】

要有高山一样高尚的德行，要有大海一样宽广的器量。群居时要谨慎说话，独处时要防止胡思乱想。

知足常乐，能忍自安。

【译文】

知道满足就会常常快乐，能够忍让就会安定平和。

穷达有命,吉凶由人。

【译文】
穷困还是显达由天命决定,吉凶祸福却取决于人。

以镜自照见形容,以心自照见吉凶。

【原注】
陆文安公《论洪范五福》云:实论五福,但当论人一心,若其心邪,其事恶,纵使目前富贵,自正人观之,无异在图圄粪秽中也,何福之有!其心正,其事善,虽在贫贱患难中,心自亨通。自正人观之,即是福德。作善降之百祥,作不善降之百殃。积善之家,必有余庆;积不善之家,必有余殃。但自考其心,则知福祥殃咎之至,如影随形,如响应声,必然之理也。

【译文】
自己照镜子便可知自己的形体面容,用心反思便可见吉凶祸福。

善为至宝,一生用之不尽。
心作良田,百世耕之有余。
世事让三分,天空地阔。
心田培一点,子种孙收。

【译文】
善良是最宝贵的东西,一生都用不尽。以善心作良田,百世子孙耕种不完。凡事都让三分,则天地宽广。心田培养善念，则前人栽树后人可乘凉。

> 要好儿孙，须方寸中放宽一步。
> 欲成家业，宜凡事上吃亏三分。

【译文】

　　要想儿孙贤良，须心胸宽广。要家业兴盛，遇事忍让三分。

> 留福与儿孙，未必尽黄金白镪。
> 种心为产业，由来皆美宅良田。

【译文】

　　给子孙留下福泽，未必尽是黄金白银。以修养身心为业，则必定给子孙带来良田美宅。

> 存一点天理心，不必责效于后，子孙赖之；
> 说几句阴骘话，纵未尽施于人，鬼神鉴之。

【译文】

　　保存一点天理良心，不必马上在自身见效，而子孙自会以此得福。说几句积阴德的话，即使没有完全施惠予人，上天自会明鉴。

> 非读书，不能入圣贤之域；
> 非积德，不能生聪慧之儿。

【译文】

不读书便不能达到圣贤的境地,不行善积德便不能生养聪明的儿女。

多积阴德,诸福自至,是取决于天。
尽力农事,加倍收成,是取决于地。
善教子孙,后嗣昌大,是取决于人。
事事培元气,其人必寿;
念念存本心,其后必昌。

【原注】

儿孙心上影,天道暗中灯。

【译文】

多做好事,福气自然而至,这取决于上天。努力耕种,加倍收获,这取决于土地。善于教导子孙,后代兴盛,这取决于人事。凡事培养精力,人必然长寿;念念不忘善心,后代一定兴旺。

勿谓一念可欺也,须知有天地鬼神之鉴察;
勿谓一言可轻也,须知有前后左右之窃听;
勿谓一事可忽也,须知有身家性命之关系;
勿谓一时可逞也,须知有子孙祸福之报应。

【译文】

不要有一点欺人的想法,要知道天地鬼神能明察一切;不要随便说每一句话,要知道有人会偷听;不要疏忽任一件小事,要知道小事可能关系全家性命;不要逞一时之快,须知子孙会有祸福的报应。

> 人心一念之邪，而鬼在其中焉，
> 因而欺侮之，播弄之，昼见于形像，
> 夜见于梦魂，必酿其祸而后已。
> 故邪心即是鬼，鬼与鬼相应，又何怪乎！
> 人心一念之正，而神在其中焉，
> 因而鉴察之，呵护之，上至于父母，
> 下至于儿孙，必致其福而后已。
> 故正心即是神，神与神相亲，又何疑乎！

【原注】

魏恭简公云：人心之灵，他人有善有不善，皆能知之。天道至灵，偪塞处都是鬼神，昭布森列。思虑未起，鬼神未知；方寸起思虑，鬼神早知了。信乎，神不可欺。

【译文】

人的心中只要有一丝邪念，鬼怪就会在心中产生，欺侮你、捉弄你，让你白天精神恍惚，晚上噩梦不断，必定酿成祸事才停止。所以邪恶的心就是鬼，鬼和鬼相呼应又有什么可奇怪的呢？人的心中有刚正的念头，神灵就会在心中产生，有神的体察和保护，上及父母下至子孙必定受神的赐福。所以刚正的心念就是神，神与神相亲又有什么可怀疑的呢？

> 终日说善言，不如做了一件；
> 终身行善事，须防错了一件。
> 物力艰难，要知吃饭穿衣，谈何容易！
> 光阴迅速，即使读书行善，能有几多？

【译文】

　　每天说好话,不如做一件善事;一辈子做善事,防备别做错一件事。谋生艰难,要吃饭穿衣这谈何容易!时光飞逝,即使抓紧读书行善,又能做多少善事呢?

　　　　只字必惜,贵之根也。
　　　　粒米处珍,富之源也。
　　　　片言必谨,福之基也。
　　　　微命必护,寿之本也。

【译文】

　　爱惜书本,是显达的根本。珍惜粒米,是富贵的源头。每句话都小心谨慎,是福祉的根基。爱护微小的生命,是长寿的本源。

　　　　作践五谷,非有奇祸,必有奇穷;
　　　　爱惜只字,不但显荣,亦当延寿。

【译文】

　　糟蹋粮食,即便没有突如其来的灾祸,也会极端贫穷;爱惜书本,不但能荣华富贵,也能益寿延年。

　　　　茹素非圣人教也,好生则上天意也。

【原注】

　　汪疑夫云:持斋戒杀,固是好事,然非中道,不能尽人为之,愿口腹有必当严戒者。孽报惟食牛最重,《感应记》言之凿凿。余在湖南，闻丙子科乡试，有士子杨某，素号能文，头场誊真毕，于卷面书"平生未损阴骘，但于牛肉未能严戒"十四字，因此被贴。又闻人好食牛肉，于卧端正时，有作牛鸣而死者，故食牛所当首戒。至食犬，并宜严戒。他如虾蟆为稼食虫，以及鳗鳝龟鳖螺蛳之属，可不食者，即可戒食。余则尝于《孟子》所云：见其生，不忍见其死。闻其声，不忍食其肉。更守无故不杀之戒，多留一物躯命，即多培一日善根。举斯心加诸彼，由爱物之心推之，福德何量！梁敬叔云：吴门董个亭封翁，尝以歉岁，见农夫无力卒岁，以耕牛售诸屠肆，乃介义邀绅士集赀，于城外辟一园，如所售之价，买牛而牧之。春作时，听本人取赎，每岁活牛无算。道光癸卯，吴中大水荐饥，吾乡林少穆先生，适为廉访，亦以冬买牛，春听赎，次年农事藉以补苴，遐迩颂之，其法盖仿自董氏云。此法甚善，遇歉岁时，有心人能担此善举者，其功德真不可思议也。高忠宪公《家训》云：少杀生命，最可养心，最可惜福。一般皮肉，一般痛苦，物但口不能言耳！不知其刀俎之间，何等苦恼！我却以日用口腹，人事应酬，绝不为彼思量，岂复有仁心乎？供客勿多肴品，兼用素菜，切切为生命算计。稍可省者，便省之。省杀一命，于吾心有无限安处。积此仁心慈念，自有无限妙处，此为善中一大功课也。陈几亭《家训》云：凡疾病祈祷，勿杀生。尝见莲池戒杀文中有此条，悲惨恳恻，悚动狂迷，深助儒理。凡信祈祷者，大抵愚夫愚妇。彼心惊怖地狱，崇信轮回杀生，乃佛家首戒，何独于禳灾之期？反不信而故犯，死生有命，不足与言。就其所明，引而禁之，亦应止矣。世人每逢生辰，或逢生子，多有宰杀生灵，酣歌称庆者，深堪怪叹！姑无论以有用之财，花销于无益之地，而庆我命生，致物命死，于心安乎？于理当乎？

【译文】

吃素不是圣人所教导的，爱惜生命则是上天的本意。

仁厚刻薄，是修短关。
谦抑盈满，是祸福关。
勤俭奢惰，是贫富关。
保养纵欲，是人鬼关。

【译文】

仁厚或刻薄，关系到人的寿命长短。谦虚或骄傲，关系到人的福祸。勤俭或奢惰，关系到人的贫富。养生或纵欲，关系到人的生死。

造物所忌，曰刻曰巧；
万类相感，以诚以忠。
做人无成心，便带福气；
做事有结果，亦是寿征。

【译文】

上天所忌讳的，是刻薄取巧；坦诚与忠心使万物互相感应。做人没有成见，便带来福气；做事有始有终，便是长寿的征兆。

执拗者福轻，而圆通之人其福必厚；
急躁者寿夭，而宽宏之士其寿必长。

【译文】

固执的人福分少,通达的人福分多;急躁的人寿命短,宽宏的人寿长。

谦卦①六爻皆吉,恕字终身可行。

【注释】

①谦卦:六十四卦之一。艮下坤上。

【译文】

谦卦六爻都是吉祥之语,恕字终身可以奉行。

作本色人,说根心话,干近情事。

【译文】

做真我,说真话,做合乎情理的事。

一点慈爱,不但是积德种子,
亦是积福根苗。试看那有不慈爱底圣贤?
一念容忍,不但是无量德器,
亦是无量福田。试看那有不容忍底君子?

【译文】

有一点慈爱之心,不但是积德的种子,更是积福的萌芽,看看哪有不慈爱的圣贤?有一点容忍的气度,不但是品德无量,也是无尽的福泽,看看哪有不宽宏大度的君子?

好恶之念,萌于夜气,息之于静也;

恻隐之心，萌发于乍见，感之于动也。

【原注】

汤潜庵临终时戒子曰：《孟子》言：乍见孺子入井，皆有怵惕恻隐之心。汝等当养此真心，真心时时发见，则可上与天通。若但依成规，袭外貌，终为乡愿无益也。许多事业，都从这点真心推暨出来。先生得力在此，宜其临终犹谆谆也。

【译文】

善恶之念，萌生于夜深人静时，平息于清静处；怜悯之心，萌发于一瞬间，而感发于行动时。

塑像栖神，盍归奉亲；
造院居僧，盍往救贫。

【原注】

古语云：世间第一好事，莫如救难怜贫。人若不遭横祸，施舍费得几文！人诚能约己济人，色色为贫人算计，存些盈余，以救急难，去无用可成大用，积小惠可成大德。乃富人惜财如恤恤，目击困苦颠连，而睉睉相视，毫不动心。以为生财之道宜如此，不知财生而心先死矣。心既死，财其能长生乎？至于小本贫民，肩挑贸易，受尽苦辛，觅得几文微利，为一家性命所系，其遇可矜，其情可悯。我却要在他身上讨便宜，甚或用重秤，使小钱，犹自以为得计。不知穷人资此以养生，多不过数文钱耳。在我视之颇轻，而彼之含怨最重。只此小节，而其人之生平可见矣！况折其一日之本，即窘其数日之生，所省甚微，所损实大，吾辈戒之。

【译文】

　　塑造神像,供奉神灵,不如去侍养双亲;建造庙宇,施舍僧人,不如去救济贫困的人。

　　　　费千金而结纳势豪,孰若倾半瓢之粟,以济饥饿!
　　　　搆千楹而招来宾客,何如葺数椽之茅,以庇孤寒!
　　　　悯济人穷,虽分文升合,亦是福田;
　　　　乐与人善,即只字片言,皆为良药。

【译文】

　　与其耗费很多金钱去结交权贵,不如拿出半瓢粮食去救济饥饿的人!与其花钱盖大房子招待宾客,何不盖几间茅屋来庇护孤寒的人。救助贫困,即使只是一文钱、一升米也是福田;与人为善,即使说一言半语都是良药。

　　　　谋占田园,决生败子;
　　　　尊崇师傅,定产贤郎。

【原注】

　　弃产得产,苦乐不同。置产者宜曲为体谅,以为子孙永远之计。若以产业为冤业,非但为子孙作马牛,真为子孙作蛇蝎耳。先辈诗云:一派青山景色幽,前人田土后人收。后人收得休欢喜,还有收人在后头。

【译文】

　　一心谋划广占田园,定生败家子孙;尊重崇敬老师,定生贤良后代。

平居寡欲养身，临大节则达生委命；
治家量入为出，干好事则仗义轻财。

**【原注】**

王阳明云：世人把身命看得太重，不问当死不当死，定要委曲保全，以此把天理都丢去了。若违了天理，便与禽兽无异！就是偷生在世千百年，不过做了千百年的禽兽。学者于此等处，最要看得明白。窦公燕山，治家惟尚俭素，每量岁之所入，除伏腊供给外，余皆济人。梦祖父谓之曰：汝本无子，且不寿，数年来阴功浩大，已名挂天曹，增寿三纪，五子俱荣。后五子登第，俱显贵。公为左谏议大夫，年八十有二。沐浴别亲友，视死如归，谈笑而逝。八孙皆贵。范文正公深信天道，丝毫不疑。详记其事于策，以示子孙。

**【译文】**

平常清心寡欲，修身养性，面临大是大非则要豁达坦然；治家节俭，量入为出，做好事时则要重义轻利。


善用力者就力，善用势者就势。
善用智者就智，善用财者就财。

**【原注】**

陈榕门云：人生最难得者，力也、势也、智也、财也。此四者用之于正，何善之不可为！用之于邪，何恶之不可作！总要在人善用耳。四就字，有不肯错用此四者、不肯轻置此四者之意。然人尝有云：我非不欲为善，只是无势力财智。愚谓是亦在人耳。有势力者，以势力行善，有财智者，以财智行善，固已。即无势力财智而以公正之论，行规劝之道，未尝非善。甚至人微言轻，规劝亦不足取信，不妨存一点是是非非之公心。毋嫉善而暴恶，毋幸灾而乐祸，毋口是而心非，毋欺愚而饰智，是亦善也。孟子曰：乃若其情，则可以为善矣。此之谓也。

【译文】

善于运用力量的人就发挥力量，善于运用权势的人就顺应大势。善于运用智慧的人就利用机智，善于运用财物的人就管理财物。

身世多险途，急须寻求安宅；
光阴同过客，切莫汩没①主翁。

【原注】

刘凝云：人之有心，如树之有根，果之有核也。根拔则树朽，核蛀而果坏，此一定之理。岂人心既丧，而反独无所害乎？吕新吾云：属纩之时，般般物皆带不得。惟是带得此心，却教坏了，是空身归去矣，可为万古一恨。陈榕门云：心者何？理也。存顺没宁，无非争这些子。

【注释】

①汩没：犹沉沦也。

【译文】

人生在世多遇险途，急需寻求安身立命之所；光阴如匆匆过客，不要使此生沉沦。

莫忘祖父积阴功，须知文字无权，全凭阴骘；
最怕生平坏心术，毕竟主司有眼，如见心田。

**【原注】**

若要文章惊世眼，全凭阴骘合天心。汪龙庄云：余三十九岁领乡荐，谒本房师曾公，言八月十六日，漏下二十刻，余卷已阅讫置几右，睫甫交，忽有瓦坠于几，斜压余卷，厚不盈一指，而苔痕斑剥，急取卷覆校，藏于箧。方就寝，又闻几上有声，则余卷出箧陈几，而瓦失所在。次早呈荐，两座主深为击节。已定元十日，陆耳山师欲传衣钵，改置第三。问余有何阴骘，得致此祥？余曰：当是先人荫耳。嗣晤榜首许春严，遂同谒两主考，俱述飞瓦事，交相诧异。内帘深夜，户牖皆闭，瓦之去来，真不可解。传其事者，咸谓吾母苦节之报云。又云：余十八岁，初应乡试，有同号生，呼求换卷。提调盐驿道赵公，见其卷前后，各书一好字，如杯大。问之。生曰：某卷完熟睡，梦人伸手入帘曰：汝今科必中。令于手心手背，各书一好字，不料俱在卷上也。赵公曰：好字，于文为女子。汝自问平日有罪过否？生再三哀籲，貌若甚恐。场中有鬼神，可不惧欤！

**【译文】**

不要忘记祖辈积蓄的阴德，要知道科考是否顺利，文字有无力道，全靠阴德；人一生最怕心术不正，但毕竟主考官有眼力，能看穿人心。

天下第一种可敬人，忠臣孝子。
天下第一种可怜人，寡妇孤儿。
孝子百世之宗，仁人天下之命。

**【译文】**

天下最可敬的人是忠臣孝子，天下最可怜的人是寡妇孤儿。孝子是百代宗师，仁人是天下之本。

　　　　形之正，不求影之直而影自直。
　　　　声之平，不求响之和而响自和。
　　　　德之崇，不求名之远而名自远。

【译文】

　　形貌端正，不求影子正而影子自然正。声音平和，不求响声应和而响声自然应和。道德崇高，不求声名远播，自然名满天下。

　　　　有阴德者，必有阳报；
　　　　有隐行者，必有昭名。

【译文】

　　积了阴德的人，必定有好的回报；暗中行善的人，必声名显扬。

　　　　施必有报者，天地之定理，仁人述之以劝人；
　　　　施不望报者，圣贤之盛心，君子存之以救世。

【原注】

　　先哲云：天道福善祸淫，理固不爽。然善者获福，吾非为福而修善；淫者获祸，吾非为祸而改淫。虽善获祸而淫获福，吾宁善而处祸，不肯淫而要福，君子但尽吾性分之所当为者而已，不言祸福利害。其言祸福利害者，为世教发也。

【译文】

　　施予必有回报,这是天地间不变的道理,有仁心的人以此劝他人戒恶行善;布施不图回报,这是圣贤之士的高尚心胸,君子用这种胸怀来济世。

　　面前的理路要放得宽,使人无不平之叹;
　　身后的惠泽要流得远,令人有不匮之思。

【原注】

　　熊勉庵云:做官想到去之日,做人想到死之日,便当留一二好事与人间。纵不能留好事,决不当再留不好事也。

【译文】

　　做眼前事时道理要明白宽畅,不使人慨叹不公平;留给后世的恩泽要源远流长,令人有不尽的怀念。

　　不可不存时时可死之心,
　　不可不行步步求生之事。
　　作恶事,须防鬼神知;
　　干好事,莫怕旁人笑。

【原注】

　　存时时可死心,则身轻而道念自生;行步步求生事,则性善而孽缘不染。善心真切,则不怕人笑矣。

【译文】

　　不能不想到随时会死,不能不时时想到求生之计;作恶须提防鬼神知道;干好事不要怕旁人笑话。

吾本薄福人，宜行惜福事；
吾本薄德人，宜行积德事。
薄福者必刻薄，刻薄则福愈薄矣；
厚福者必宽厚，宽厚则福益厚矣。

【原注】

张扬园云：土薄则易崩，器薄则易坏，酒醴厚则能久藏，布帛厚则堪久服。存心厚薄，固寿夭祸福之所由分也，人其自察于用心之际哉！

【译文】

自己本是福分浅薄的人，应该做珍惜福分的事；自己本是德行浅薄的人，应该做积德的事。福分浅薄的人必定刻薄，越刻薄福气就越少；福分厚的人必定宽厚，越宽厚福分越多。

有工夫读书，谓之福；
有力量济人，谓之福；
有著述行世，谓之福；
有聪明浑厚之见，谓之福；
无是非到耳，谓之福；
无疾病缠身，谓之福；
无尘俗撄①心，谓之福；
无兵凶荒歉之岁，谓之福。

【注释】

①撄（yīng）：缠扰。

【译文】

有时间读书，有力量助人，有著作行世，有聪明的见识，不听是非,身体没有疾病,没有烦心的事,没有战乱荒年等,都是福气。

> 从热闹场中,出几句清冷言语,便扫除无限杀机;
> 向寒微路上,用一点赤热心肠,自培植许多生意。

【译文】

在热闹场合中,说几句冷静的话,便能化解许多尖锐的矛盾;对贫困的人,用一点热心肠,就能栽培许多有用的人才。

> 入瑶树琼林中皆宝,有谦德仁心者为祥。

【译文】

进入珍宝丛林中,一切都是宝,有谦虚美德、仁义心肠的人,一生都会吉祥。

> 谈经济外,宁谈艺术,可以给用。
> 谈日用外,宁谈山水,可以息机。
> 谈心性外,宁谈因果,可以劝善。

【译文】

在谈论钱财之外,应常谈谈艺术,可使身心得到享受。在谈论日常俗事之外,应常谈谈山水,可以平息心机。在谈论心性之外,应常论些因果报应,可以劝人为善。

> 艺花可以邀蝶,垒石可以邀云,

栽松可以邀风,植柳可以邀蝉,
贮水可以邀萍,筑台可以邀月,
种蕉可以邀雨,藏书可以邀友,
积德可以邀天。

【译文】

养花能招引蝴蝶,堆石可聚集云雾,种松树可招来清风,种柳树可招来鸣蝉,贮泉水可生出浮萍,建高台可揽赏明月,种芭蕉可听雨声,藏书可引来朋友,积阴德可得天眷。

作德日休,是谓福地;
居易俟命,是谓洞天。

【译文】

日日修养德行,这就叫入了福地;居处安天乐命,这就叫入了洞天。

心地上无波涛,随在皆风恬浪静;
性天中有化育,触处见鱼跃鸢飞。

【译文】

心境平和,则所到之处都是风平浪静;天性得到教化,则随处可见鱼跃鸢飞。

贫贱忧戚,是我分内事,
当动心忍性,静以俟之,
更行一切善,以斡转之;

富贵福泽,是我分外事,
当保泰持盈,慎以守之,
更造一切福,以凝承之。

【原注】

若不乘此时造福,更要使性气,纵喜怒,有些子事,便不耐烦。非但自寻苦恼,不旋踵而一败涂地矣。

【译文】

贫贱忧虑是我分内的事,要克制忍耐,静静等待机遇来临,更应该做能做的一切善事,以改变命运;富贵福气是我分外的事,应该保持安宁美满,谨慎守护,更要尽自己所能去造福,使福泽持久。

世网那能跳出,但当忍性耐心,
自安义命,即网罗中之安乐窝;
尘务岂能尽捐,惟不起炉作灶,
自取纠缠,即火坑中之清凉散也。

【译文】

人世如网,怎能跳得出来?只应忍耐,随遇而安,这就是生活之网中的安乐窝;世间俗务,哪能丢得光?只要不另起炉灶,不自寻烦恼,就像火坑中的清凉剂。

热不可除,而热恼可除,秋在清凉台上;
穷不可遭,而穷愁可遣,春生安乐窝中。

【原注】

困苦而忧,忧更苦;处贫而乐,乐忘贫。

【译文】

无法驱除炎热,但可以驱除烦恼的心情,清凉的秋意正在清凉台上。贫穷无法排遣,但可以遣散无穷的忧愁,温暖的春意生在安乐窝中。

富贵贫贱,总难称意,知足即为称意;
山水花竹,无恒主人,得闲便是主人。

【译文】

富贵贫贱,总难以令人满意,若知足就能称心如意;自然美景,没有永久不变的主人,有闲情逸致观赏的便是主人。

要足何时足,知足便足;
求闲不得闲,偷闲即闲。

【译文】

人什么时候才能得到满足,能知足便是满足;想清闲而不得闲,能忙中偷闲便是闲。

知足常足,终身不辱;
知止常止,终身不耻。

【原注】

杜静台《书斋对联》:无求胜在三公上,知足常如万斛余。名言可佩。

【译文】

知道满足才能常感满足,一生不会因到处求人受辱;知道进退常能适可而止,则终身不会蒙受耻辱。

急行缓行,前程总有许多路;
逆取顺取,命中只有这般财。

【原注】

顺者迟收之,逆者捷得之,毕竟祸福若霄壤焉。人宜何从哉?可为热中人,下一服清凉散。

【译文】

不论走得快或走得慢,前方总有那么多路要走;无论是不该取的还是该得的,命中注定就这么多钱财。

理欲交争,肺腑成为吴越①;
物我一体,参商②终是弟兄。

【注释】

①吴越:春秋时的吴国和越国,因互有攻伐,后以此比喻冤家对头。

②参商:参星与商星。参星在西,商星在东,此出彼没,彼出此没。喻亲友隔绝不能相见。

【译文】

天理与人欲交战,战场就在我胸中;万物与自我融为一体,即使距离像参星和商星那样遥远,但毕竟终是兄弟。

以积货财之心积学问,以求功名之心求道德,以爱妻子之心爱父母，以保爵位之心保国家。

【译文】

　　用积攒钱财的心积累学问，用求取功名的心修养道行，用爱护妻儿的心爱敬父母，用保住禄位的心保卫国家。

　　移作无益之费以作有益，则事举；
　　移乐宴乐之时以乐讲习，则智长；
　　移信异端之意以信圣贤，则道明；
　　移好财色之心以好仁义，则德立；
　　移计利害之私以计是非，则义精；
　　移养小人之禄以养君子，则国治；
　　移输和戎之赀以输军国，则兵足；
　　移保身家之念以保百姓，则民安。

【原注】

　　凡此八移，即《易》所谓"见善则迁，有过则改"者也。迁、改者，移之谓也。

【译文】

　　把花在无益事情上的钱用于有益的事，那么事业就会成功。把耗费在饮酒作乐的时光用于研读学问，那么才智就会增长。把信奉异端邪说的心念用于信奉圣贤，那么理路就会明晰。把追求金钱美色的心思用于崇尚仁义，那么道德就会树立。把计较利害的私心用于明辨是非，那么义理就会精明。把供养小人的俸禄用于重用君子，那么国家就能安定。把抵御私敌的勇气用于抵御公敌，那么军队就会强大。把保护自己一家的念头用于保护百姓，那么人民就会安乐。

做大官底,是一样家数。
做好人底,是一样家数。

【原注】

陈榕门云:从好人做出大官事业,做大官不失好人本色。此为最上家数。

【译文】

做大官有做大官的规范,做好人有做好人的规矩。

潜居尽可以为善,何必显宦!
躬行孝弟①,志在圣贤,
纂述先哲格言,刊刻广布,
行见化行一时,泽流后世,
事业之不朽,蔑以加焉。
贫贱尽可以积福,何必富贵!
存平等心,行方便事,
效法前人,懿行训俗型方②,
自然谊敦宗族,德被乡邻,
利济之无穷,孰大于是。

【注释】

①孝弟:孝悌。孝,孝顺父母;悌,尊敬兄长。
②训俗型方:训导教化世俗。

【译文】

隐居也可以做善事,不需要显赫的官位。力行孝顺父母、友爱兄弟,努力学习圣贤,编纂先贤的格言出版流传,虽只教化一时,恩泽却可流芳百世,这是不朽的事业,没有比这更高尚的了。贫贱时依然可以行善造福，何必等到富贵发达后才做。心存公平，做事给人方便，效法前人善行，劝导世俗行为方正，自然能使亲族和睦，仁德遍及乡里，济世利人永无止境，还有什么比这些事更大的呢？

　　　　一时劝人以口，百世劝人以书。

【原注】
　　张梦复云：人能处心积虑，一言一动，常思益人，而痛戒损人，必为天地之所佑，鬼神之所服，而享有多福矣。先哲云：流通善书，贻泽最远。人诚能重刊不朽，广布无穷，则一句善书，提醒了一点善心，成就了百世善人，非但转祸为福，直如起死回生。乃好为阻挠，动曰不中用，甚且目之为迂，笑以为腐。噫，是绝善类也，是灭善教也。若人尽效尤，则善书几沦没而永绝于天下后世，又何异于焚书坑儒矣乎！言念及此，哭尽眼中血矣。汪龙庄云：余十六岁时，偶检先人遗箧，得《太上感应篇注》，觉读之凛凛，自此晨起，必虔诵一遍，终身不敢放纵，实得力于此。

【译文】
　　用言语劝人从善，只奏效一时；用书本劝勉世俗，则百世流传。

　　　　静以修身，俭以养德；
　　　　入则笃行，出则友贤。

【译文】
　　清心静气可以修养身心，节俭可以培养德行；在家中处事笃实，在外则结交贤士。

读书者不贱，守田者不饥，
积德者不倾，择交者不败。

【原注】

人宜常将此四语律身训子。

【译文】

读书的人不会品格低下，辛勤耕耘的人不会挨饿，积德行善的人不会堕落，谨慎交友的人不会失败。

明镜止水以澄心，泰山乔岳以立身，
青天白日以应事，霁月光风以待人。

【译文】

像明澈的镜子、宁静的水面那样心境明亮平静，像巍巍的泰山那样崇高地立身，像晴朗的天空、明亮的太阳那样光明正大，像晴空的月亮、和缓的清风那样平和待人。

省费医贫，弹琴医躁，独卧医淫，
随缘医愁，读书医俗。

【原注】

此之谓国手。

【译文】

节约花费可以医治贫困，弹奏琴瑟可以医治烦躁，独自睡眠可以克制色欲，顺其自然可以治疗忧愁，读书可以摒除庸俗。

以鲜花视美色，则孽障自消；
以流水听弦歌，则性灵何害？

【原注】
鲜花可爱，过目不留；流水可听，过耳不恋。
【译文】
以欣赏鲜花的心态看美色，想到美色也会像鲜花一样容易凋谢，那么痴迷自然会消除；用欣赏流水的心态聆听音乐，想到音乐也会像流水那样听过即忘，那么对心灵会有何害？

养德宜操琴，炼智宜弹棋，遣情宜赋诗，
辅气宜酌酒，解事宜读史，得意宜临书，
静坐宜焚香，醒睡宜嚼茗，体物宜展画，
适境宜按歌，阅候宜灌花，保形宜课药，
隐心宜调鹤，孤况宜闻蛩，涉趣宜观鱼，
忘机宜饲雀，幽寻宜藉草，淡味宜掬泉，
独立宜望山，闲吟宜倚楼，清谈宜剪烛，
狂啸宜登台，逸兴宜投壶，结想宜欹枕，
息缘宜闭户，探景宜携囊，爽致宜临风，
愁怀宜伫月，倦游宜听雨，玄悟宜对雪，
辟寒宜映日，空累宜看云，谈道宜访友，
福后宜积德。

【译文】
培养德性宜弹琴，锻炼智慧要下棋，抒发情绪应当赋诗，辅佐气氛应当饮酒，了解事实须读史书，得意时应当临摹字帖，独坐时要焚香，睡醒时宜喝茶，体验物情应当赏画，舒适的环境应当歌咏，观察天气应当浇花，保身体安康应当服药，息心应当逗鹤，孤独时应当听虫鸣，享趣味应当观鱼，忘机心应当养鸟，探访幽静应当卧草，品尝淡味应当掬饮泉水，独自站立时应当眺望远山，闲暇吟诗应当凭栏，晚上清谈应当点烛，狂啸应当登高台，有闲情应当游戏，想事情应当卧枕，停止交友应当闭门不出，探访美景应当带食物，欲清爽雅致应当临风，排遣愁怀应当伫立月下，游玩归来应当听雨，大悟应当对雪，避寒应当晒太阳，疲倦应当看云，谈论道义应当访友，福泽后人应当积累德行。

# 格言联璧

# 悖凶类

富贵家不肯从宽,必遭横祸;
聪明人不肯学厚,必夭天年。

【译文】

富贵人家不肯宽待别人,必定遭受祸害;聪明的人不肯学会宽厚,必定减少寿命。

倚势欺人,势尽而为人欺;
恃财侮人,财散而受人侮。

【译文】

倚仗权势欺侮别人,权势丧尽则被人欺凌;凭借财富羞辱别人,财产散尽则受人羞辱。

暗里算人者,算的是自家儿孙;
空中造谤者,造的是本身罪孽。

【原注】

天道好还,不爽一线。未有不反中其身者。世间奸险之徒,纵不为他人谋,独不为自己虑乎?古诗云:于今看破循环理,笑倚栏杆暗点头。

【译文】

暗地里算计别人的人,最终算计的是自己的子孙;无中生有诽谤别人的人,到头来造成自身的罪过。

饱肥甘,衣轻暖,不知节者损福;
广积聚,骄福贵,不知止者杀身。

【原注】

　　天道忌盈，满则必覆，此理之一定者。王允昌《家训》云：凡非分之富贵，能于此看得破，远之、避之，自是天地间一好人；虽贫贱以死，光荣多矣。若念头一错，必将攘臂，何所不为，无论为千古笑骂，往往奇祸随之。吾愿子孙以此为戒。

【译文】

　　吃饱肥美甘甜的食物，穿着绫罗绸缎的衣服，却不懂得节制的人将会减损福分；广泛积蓄财富，以富贵为骄傲，不懂得适可而止的人将会招来杀身之祸。

　　　　文艺自多①，浮薄之心也；
　　　　富贵自雄，卑陋之见也。

【原注】

　　此二人者，皆可怜也，而雄富贵者，尤鄙。满面富贵气，此是市井小儿，不堪入有道门墙。

【注释】

　　①自多：自以为是。

【译文】

　　以文才自矜，这是轻浮浅薄的心理；以富贵称雄，这是卑劣鄙陋的表现。

　　　　位尊身危，财多命殆。

【原注】

　　田静持云：位高未必危人，而祸常加之。家富未必树怨，而怨常集之者，知进而不知退，知得而不知廉也。故处世宜知退，律身须知廉。

张梦复云：人生适意之事有三：曰贵，曰富，曰多子孙。然是三者，善处之则为福，不善处之则反足为累。至为累，而求所谓福者，不可见矣。何则？高位者责备之地、忌嫉之门、怨尤之府、利害之关、忧患之窟、劳苦之薮、谤讪之的、攻击之场。古之智人，往往望而却步。况有荣则必有辱，有得则必有失，有进则必有退，有亲则必有疏。若但计邱山之得，而不容铢两之失，天下安有此理？但己身无大谴过，而外来者平淡视之，此处贵之道也。前人以货财为五家公共之物，一曰国家，二曰官吏，三曰水火，四曰盗贼，五曰不肖子孙。夫人厚积，则必经营布置，生息防守，其劳不可胜言，则必亲戚之请求，贫穷之怨望，僮仆之奸骗，大而盗贼之劫取，小而穿宿窬之鼠窃，经商之亏拆，行路之失脱，田禾之灾伤，攘夺之争讼，子弟之浪费，种种之苦，贫者不知，惟富厚者兼而有之。人能知富之为累，则取之当廉，而不必厚积以招怨。视之当淡，而不必深忮以累心，思我既有此财货，彼贫穷者不取我而谁取？不怨我而谁怨？平心息忿，庶不为外物所累。俭于居身，而裕于待物，薄于取利，而谨于盖藏，此处富之道也。至子孙之累，尤多矣！少小则有疾病之虑，稍长则有功中之虑、浮奢不善治家之虑、纳交匪类之虑，一离膝下则有道路、寒暑、饥渴之虑，以至由子而孙，辗转无穷，更无底止。夫年寿既高，子息蕃衍，安保无疾病痛苦之事？贤愚不齐，升沉各异，聚散无常，忧乐自别。但当教之孝友、教之廉让、教之立品、教之读书、教之择友、教之养身、教之俭用、教之作家，其成败利钝，父母不必过为萦心，聚散苦乐，父母不必忧念成疾。但念己无甚刻薄，后人自当无悖出之患；己无甚偏私，后人自当无攘夺之患；己无甚贪婪，后人自当无荡尽之患。至于天行之数，禀赋之愚，有才而不遇，无因而致疾，延良医，慎调治，延良师，谨教训，父母之责尽矣。父母之心尽矣，此处多子孙之道也。予每见世人，处好境而郁郁不乐，动多悔吝忧戚，必皆此三者之故。由不明斯理，是以心褊见隘，未食其报，先受其苦。能静体吾言，于扰扰之中，存荧荧之亮。岂非热火坑中，一服清凉散？苦海波中，一架八宝筏哉？

【译文】

地位尊贵的人，处境危难；财物富裕的人，生命危险。

机者，祸福所由伏，
人生于机，即死于机也；
巧者，鬼神所最忌，
人有大巧，必有大拙也。

【原注】

今人无事不用机巧，殆未之思耳。

【译文】

所谓"机"，是祸福所潜伏的地方，人因"机"而生，就会因"机"而死；所谓"巧"，是鬼神最忌讳的，人有大巧，必有大拙。

出薄言，做薄事，存薄心，
种种皆薄，未免灾及其身；
设阴谋，积阴私，伤阴骘，
事事皆阴，自然殃流后代。

【译文】

说刻薄话,做刻薄事,存刻薄心,种种都刻薄,难免使自身遭受灾祸;设计阴谋,积聚阴私,伤害阴德,事事都阴险,自然使后代遭殃。

积德于人所不知,是谓阴德。
阴德之报,较阳德倍多;
造恶于人所不知,是谓阴恶。
阴恶之报,较阳恶加惨。

【译文】

在别人不知道的情况下积德,这叫作阴德。阴德的回报比阳德加倍。在别人不知道的情况下作恶,这叫作阴恶,阴恶的回报比阳恶更加惨重。

家运有盛衰,久暂虽殊,
消长循环如昼衣;
人谋分巧拙,智愚各别,
鬼神彰瘅最严明。

【注释】

①彰瘅(dàn):即彰善瘅恶。《尚书·毕命》:"彰善瘅恶。"疏:"彰明其为善,病其为恶。"

【译文】

家道有兴衰,虽然时间长短不一样,但是盛衰循环就像日夜交互一样。人的智谋有精明愚笨的分别,聪明的人与愚蠢的人各有不同,但是上天扬善惩恶最为严明。

天堂无路则已,有则君子登;
地狱无门则已,有则小人入。

【原注】

或问天堂、地狱之说。曰:善则心体洁净,光明正大,为阳刚君子。恶则心体邪暗,偏曲昏晦,为阴柔小人。阳从阳类入乎天,阴从阴类入乎地。

【译文】

天堂没有路也就罢了,有路就该君子登上;地狱没有门也就罢了,有门就该小人进去。

为恶畏人知,恶中冀有转念;
为善欲人知,善处即是恶根。

【译文】

做坏事担心别人知道,他已认识到错误,坏事中有转为好事的希望。做好事希望别人知道,他就容易弄虚作假,好事中却潜伏着恶根。

谓鬼神之无知,不应祈福;
谓鬼神之有知,不当为非。

【译文】

如果说鬼神无知,就不应祈求福禄;如果说鬼神有知,就不该做坏事。

势可为恶而不为,即是善;

力可行善而不行，即是恶。

【原注】

　　若更乘势以行善，此是大善。若更加力以作恶，此是极恶。

【译文】

　　有机会做坏事而不做，就是善德；有能力做好事而不做，就是恶行。

　　　　于福作罪，其罪非轻；
　　　　于苦作福，其福最大。

【原注】

　　颜光衷云：济人利物，无时之一分，可当有时之万分。若必待富有而后行，诚恐后来之富有不可必，而今日之美事反虚过矣。

【译文】

　　处于幸福的景况作孽，这种罪孽不轻；在贫苦的时候造福，这种福泽最大。

　　　　行善如春园之草，不见其长，日有所增；
　　　　行恶如磨刀之石，不见其消，日有所损。

【译文】

　　做好事增添福寿就像春园里的草，看不到它的生长，其实每天都在增长；做坏事折减福寿就像磨刀的石头，看不到它的消损，其实每天都在消损。

使为善而父母怒之，兄弟怨之，子孙羞之，
宗族乡党贱恶之，如此而不为善，可也。
为善则父母爱之，兄弟悦之，子孙荣之，
宗族乡党敬信之，何苦而不为善！
使为恶而父母爱之，兄弟悦之，子孙荣之，
宗族乡党敬信之，如此而为恶，可也。
为恶则父母怒之，兄弟怨之，子孙羞之，
宗族乡党贱恶之，何苦而必为恶！

【译文】

　　如果做好事让父母生气、兄弟埋怨、子孙蒙羞、同宗同乡厌恶，这样不做也是可以的。如果做好事让父母喜爱、兄弟高兴、子孙光荣、同宗同乡敬重信任，何苦而不做好事？如果做坏事让父母喜爱、兄弟高兴、子孙光荣、同宗同乡敬重信任，这样就可以做。如果做坏事让父母生气、兄弟埋怨、子孙羞耻、同宗同乡厌恶，何苦一定要做坏事？

为善之人，非独其宗族亲戚爱之，
朋友乡党敬之，虽鬼神亦阴相之；
为恶之人，非独其宗族亲戚叛之，
朋友乡党怨之，虽鬼神亦阴殛①之。

【注释】

　　①殛（jí）：诛杀。《尚书·舜典》："殛鲧于羽山。"

【译文】

　　做好事的人，不仅他的宗族亲戚喜爱他、朋友乡人敬重他，连鬼神也暗中帮助他。做坏事的人，不仅他的宗族亲戚背叛他、朋友乡人埋怨他，连鬼神也暗中惩罚他。

为一善而此心快惬，不必自言，
而乡党称誉之，君子敬礼之，
鬼神福祚①之，身后传诵之；
为一恶而此心愧怍②，虽欲掩护，
而乡党传笑之，王法刑辱之，
鬼神灾祸之，身后指说之。

【原注】

此二者，孰得孰失？

【注释】

①福祚（zuò）：赐福。祚，福。

②愧怍（zuò）：惭愧。怍，愧。

【译文】

做一件好事内心愉快惬意，不必自己说出来，自然乡亲会称赞你，君子会敬重你，鬼神也会赐福给你，死后人们会传诵你。做一件坏事内心羞耻惭愧，即使想掩盖隐藏，而乡亲会传为笑谈，王法会刑罚你，鬼神会降灾给你，死后人们会指戳你。

一命之士①，苟存心于爱物，
于人必有所济；
无用之人，苟存心于利己，
于人必有所害。

【注释】

①一命之士：有命在身之士，指做官的人。

【译文】

做官的人，如果存心爱物，对百姓一定有所帮助；无用的人，如果存心利己，对他人一定有所危害。

膏粱积于家，而剥削人之糠覈①，
终必自亡其膏粱；
文绣充于室，而攘以人之敝裘，
终处自丧其文绣。

【原注】

人谓不知足者，无时而足。吾谓不知足者，必有时而真不足也。周石藩云：人心无厌，得陇望蜀，势所必至。告之以蜀不必望，退而守陇足矣，而其心且拂然怒；必至求蜀不得，并其陇而亦失之，而后悔其心之过奢，才之妄用也。人情往往如此。

【注释】

①糠覈（hé）：指粗糙的食物。覈：米麦的粗屑。

【译文】

自己家中积满珍馐佳肴，却还剥削别人的糟糠之食，最终必然失去自己的珍馐佳肴；自己室内充满锦衣绣服，却还侵占别人的破衣烂衫，最终必然失去自己的锦衣绣服。

天下无穷大好事，皆由于轻利之一念；
利一轻，则事事悉属天理，
为圣为贤，从此进基。

天下无穷不肖事，皆由于重利之一念；
利一重，则念念皆违人心，
为盗为跖，从此直入。

【原注】
曹凝庵云：天下无舍不得钱之好人也。余尝谓鄙吝之人，为天下之大恶人，谓其心之不仁也；亦天下之大愚人，谓其心之不智也。君子亦仁而已矣，智而已矣。未有仁智之人，而无慷慨之行者。恻隐之心，是天地生人的种子，重了财，不肯救济，这点灵根，渐消渐灭，便卖绝生生世世人的种子了。

陈几亭云：谚称富人为财主，言其主持钱帛也。祖父传业，虽不可浪费。然约己周人，则业不堕而德可行。今之多财者，皆役于财者也。能守能散，是名财主；日悭日吝，是名财奴。世有一种人，其待兄弟亲戚故旧也，丝毫必较；及争虚体面，为无益之事，则不惜无穷浪费，此全不知本末轻重，而丰俭倒施者也。夫人至于丰俭倒施，岂尚有善行足观也哉？

【译文】
天下无数好事，都是出自轻视财利的思想；一轻视财利，就事事都处理得符合天道公理，要想成为圣贤，就要从这轻利打下基础。天下无数坏事，都是出自看重财利的思想；一看重财利，各种想法就都违背人心，堕落成为盗贼，就是从这重利开始的。

清欲人知，人情之常。
今吾见有贪欲人知者矣，

朵其颐①，垂其涎，
惟恐人误视为灵龟而不饱其欲也；
善不自伐②，盛德之事，
今吾见有自伐其恶者矣，
张其牙，露其爪，
惟恐人不识为猛虎而不畏其威也。

【注释】

①颐：腮颊。

②伐：夸耀。

【译文】

为人清廉而想让人知道，这是人之常情。现在我看到有人贪婪却也想让人知道，鼓动腮颊，垂涎三尺，惟恐别人误认为他是灵龟而不能满足他的欲念；做好事而不自我夸耀，这是品德高尚的表现，现在我看到有人夸耀自己的凶恶，张牙舞爪，面目可憎，惟恐别人不知道他是猛虎而不畏惧他的威势。

以奢为有福，以杀为有禄，
以淫为有缘，以诈为有谋，
以贪为有为，以吝为有守，
以争为有气，以嗔为有威，
以赌为有技，以讼为有才。

【原注】

末劫蚩蚩，颠倒滋甚，良可浩叹。先辈诗云：阴功须向生前积，孽债休令身后还。宜猛省之。

【译文】

把奢华当成有福气,把嗜杀当成有俸禄,把淫秽当成有缘分,把欺诈当成有智谋,把贪污当成有作为,把吝啬看成会守财,把争夺看成有气势,把嗔怒当成有威风,把赌博看成有技艺,把诉讼当成有辩才。

谋馆①如鼠,得馆如虎,
鄙主人而薄弟子者,塾师之无耻也。
卖药如仙,用药如颠,
贼人命而诿天数者,医师之耻也。
觅地如瞽②,谈地如舞,
矜异传而谤同道者,地师③之无耻也。

【原注】

世人有三无耻,人每以神明事之,可恨!

【注释】

①馆:旧时称学塾曰馆,如蒙馆。
②瞽:目盲。
③地师:俗称风水先生。

【译文】

谋求教职时像老鼠一般四处钻营,取得教职后威猛如虎,鄙视主人并薄待学生,这是私塾老师的无耻。卖药时像神仙一样吹嘘灵验,用药时像疯子一样胡乱处方,残害了病人性命却推诿天数已尽,这是庸医的无耻。寻觅风水时像盲人一样瞎指点,谈论风水时像跳舞一样指手画脚,矜夸其异传,又诽谤同行,这是风水先生的无耻。

不可信之师，勿以私情荐之，
使人托以子弟。
不可信之医，勿以私情荐之，
使人托以生命。
不可信之堪舆，勿以私情荐之，
使人托以先骸。
不可信之女子，勿以私情媒之，
使人托以宗嗣。

【原注】

此数者，人生极坏阴德。不可不戒者也！

【注释】

①堪舆：相地者曰堪舆。

【译文】

不可信任的塾师，不要凭私情推荐他，让人把子弟托付给他。不可信任的医生，不要凭私情推荐他，让人把性命托付给他。不可信任的风水先生，不要凭私情推荐他，让人把先人的尸骨托付给他。不可信任的女子，不要凭私情为她说媒，让人把后代托付给她。

肆傲者纳侮，讳过者长恶。
贪利者害己，纵欲者戕生。

【原注】

古诗云：虎尾春冰寄此生。君子以为虎尾春冰者，小人以为大欲存焉。此所以君子小人不容并立，而修吉悖凶甚悬殊也。

【译文】

　　放肆傲慢的人招致侮辱,讳忌过失的人助长恶习。贪图财利的人危害自己,放纵欲望的人戕害生命。

　　　　鱼吞饵,蛾扑火,未得而先丧其身。
　　　　猩醉醴①,蚊饱血,已得而随亡其躯。
　　　　鹚②食鱼,蜂酿蜜,虽得而不享其利。
　　　　欲不除,似蛾扑灯,焚身乃止。
　　　　贪不了,如猩嗜酒,鞭血方休。

【原注】

　　世之皇皇求利者,大率类此。

【注释】

　　①醴(lǐ):薄酒。
　　②鹚(cí):鸬鹚,水鸟,善捕鱼。通称鱼鹰。

【译文】

　　游鱼吞饵,飞蛾扑火,未能得益却先断送了自己的性命。猩猩喝醉酒,蚊子吃饱血,虽然已经得到好处,但随后丧失了自己的性命。鸬鹚吃鱼,蜜蜂酿蜜,虽然有所收获,但不能享受自己的利益。不消除欲望,就像飞蛾扑火,直至烧死才罢休。贪得无厌,就像猩猩嗜好酒一样,被鞭打到流血方才罢休。

　　　　明星朗月,何处不可翱翔?
　　　　而飞蛾独趋灯焰。
　　　　嘉卉清泉,何物不可饮啄?
　　　　而蝇蚊争嗜腥膻。

【译文】

星明月朗,什么地方不可飞翔?可飞蛾偏要扑向灯火。香草清泉,什么东西不可吃喝?可苍蝇蚊子偏要追腥逐臭。

飞蛾死于明火,故有奇智者,必有奇殃;
游鱼死于芳纶①,故有善嗜者,必有美毒。

【原注】

非分之福,无故获之,非造物钓饵,即人世机阱;切须当下猛省,斩灭痴肠。

【注释】

①纶:钓鱼用的丝线。芳纶比喻芳香的饵食。

【译文】

飞蛾死于明亮火光的吸引,因此特别聪明的人,必定有特别的灾殃;游鱼死于芳香诱饵的引诱,因此有特别嗜好的人,必定有特别的毒害。

慨夏畦之劳劳,秋毫无补;
笑冬烘之贸贸,春梦方回。

【译文】

感慨一些人追名逐利,如同夏日种田劳苦,秋天却颗粒无收;取笑一些人不明真谛,就像冬天烘火般昏沉,春梦惊醒后才能回到现实。

吉人无论处世平和,即梦寐神魂,
无非生意;

　　　　凶人不但作事乖戾，即声音笑貌，
　　　　浑是杀机。

【译文】
　　吉祥的人不但处世平和，即使睡梦中，也充满着生机；凶恶的人不但做事荒谬，即使音容笑貌也都是杀机。

　　　　仁人心地宽舒，事事有宽舒气象，
　　　　故福集而庆长；
　　　　鄙夫胸怀苛刻，事事以苛刻为能，
　　　　故禄薄而泽短。

【译文】
　　仁爱的人心胸宽广，事事都有宽厚舒畅的气象，所以福泽聚集而且长久；鄙俗的人心胸狭窄，凡事斤斤计较，所以福泽浅薄而且短暂。

　　　　充一个公己公人心，便是吴越一家；
　　　　任一个自私自利心，便是父子仇雠①。

【原注】
　　程子云：人能将一个身子，公共放在天地万物中一般看，则有甚妨碍？天下兴亡，国家治乱，万姓死生，只争这个些子。

【注释】
　　①仇雠：仇敌。

【译文】

对人对己都出以公心,即便是仇敌也亲如一家;凡事自私自利,即便是父子也会成为仇敌。

理以心为用,心死于欲则理灭,
如根株斩而本亦坏也;
心以理为本,理被欲害则心亡,
如水泉竭而河亦干也。

【译文】

天理为人心所用,如果人心死于欲望,那么天理也就随之灭绝了,就像树根被斩断了那么树干也会坏死的;人心以天理为根本,如果天理被欲望所害,那么人心也就死亡了,就像水源枯竭了那么河流也会干涸的。

鱼与水相合,不可离也,离水则鱼槁矣。
形与气相合,不可离也,离气则形坏矣。
心与理相合,不可离也,离理则心死矣。

【原注】

先哲云:哀莫哀于心死,而身死次之。学者须时时唤令此心不死也。昧理者心先死,唤醒则心生。

陈白沙《禽兽理》云:人具七尺之躯,除了此心此理,便无可贵。浑是一包脓血裹一大块骨头,饥能食,渴能饮,能著衣服,能行淫欲,贫贱而思富贵,富贵而贪权势,忿而争,忧而悲,穷则滥,乐则淫,凡有所为,一任气血,老死而后已,则命之曰禽兽可也。

【译文】

鱼和水相结合,是不能分离的,离开了水,鱼就干死了。形体和气息相结合,是不能分离的,离开了气息,形体就坏死了。人心和天理相结合,是不能分离的,离开了天理,人心就死亡了。

天理是清虚之物,清虚则灵,灵则活;
人欲是渣滓之物,渣滓则蠢,蠢则死。

【原注】

天地常活,无欲故也。人物常死,有欲故也。天理是本心固有之至善,生之道也,而人弃之。人欲是形气所生之邪秽,死之途也,而人贪之,是惑也。

【译文】

天理是清虚的东西,清虚就神灵,神灵就能长存;人欲是渣滓一样的东西,渣滓就使人愚蠢,愚蠢就会使人死亡。

毋以嗜欲杀身,毋以货财杀子孙,
毋以政事杀百姓,毋以学术杀天下后世。

【译文】

不要因嗜欲而伤害身体,不要因钱财而贻害子孙,不要因政事而危害百姓,不要用学术遗祸后世。

毋执去来之势而救权,
毋固得丧之位而为宠,
毋恃聚散之财而为利,

毋认离合之形而为我。

【原注】

《谈古录》云：离娄不见舆薪，师旷不闻霹雳，仪、秦不能吐一词，贲、育不能举一羽，人谓必无是事，岂知终有是时！到此时候，何智何愚？何勇何怯？惟留贤奸邪正之名，以挂人齿颊而已。人能抬头将命字一想，兜底将死字一算，放眼将人世穷通得丧一看，吁！亦可掉下机心，撇开妄念矣。昔史弥远死而复苏，作诗引咎云：早知泡影须臾事，悔把恩仇抵死分。殊堪猛省。古人称不朽者三，曰立德、立功、立言。自此之外，皆如浮云幻影，瞬息眼前，鲜有能长存者。周之九鼎，秦之传国玺，以王家之重器，犹不能历久以递传，又何论篱落间之琐琐者耶？噫！世之为千载之图，身后之计者，当知所尚矣。

【译文】

不要执迷存亡不定的形势而追逐权力，不要固守得失不定的官位而争夺恩宠，不要依靠聚散不定的财货而图谋私利，不要认定离合不定的形体而为自我。

贪了世味的滋益，必招性分的损；
讨了人事的便宜，必吃天道的亏。

【原注】

是是非非地，明明白白天。

【译文】

贪图世间的享受，必定招致心性的损伤；占了人家的便宜，必定受到天理的惩罚。

精工言语，于行事毫不相干；
照管皮毛，与性灵有何关涉！

【译文】
巧言令色，不能成就大事；华而不实，无益陶冶性情。

荆棘满野，而望收嘉禾者愚；
私念满胸，而欲求福应者悖。

【译文】
满野都是荆棘，却盼望收获稻谷的人是愚蠢的；满胸都是私欲，却要求上天赐福的人是荒谬的。

庄敬非但日强也，凝心静气，
觉分阴寸晷①，倍自舒长；
安肆非但日偷也，意纵神驰，
虽累月经年，亦形迅驶。

【注释】
①分阴寸晷（guǐ）：一分光阴一寸日影，指时间短暂。晷，日影。引申为时光。

【译文】
端庄恭敬的人不但每天自强不息，而且思想集中、平心静气，觉得片刻时间，也倍加舒缓漫长（值得珍惜）。安逸放肆的人不但每天得过且过，而且心猿意马、胡思乱想，即使经年累月，也形同白驹过隙（不足为贵）。

自家过恶自家省,
待祸败时,省已迟矣;
自家病痛自家医,
待死亡时,医已晚矣。

【译文】

自己的过失错误,自己应及时反省,等到酿成大祸败局已定时,再反省已经太迟了;自己的疾病伤痛,自己应及时医治,等到死亡来临的时候,再医治已经来不及了。

多事为读书第一病。
多欲为养生第一病。
多言为涉世第一病。
多智为立心第一病。
多费为作家第一病。

【译文】

杂事多是读书的第一毛病。欲望多是养生的第一毛病。言语多是处世的第一毛病。谋算多是立德的第一毛病。费用多是持家的第一毛病。

今之用人,只怕无去处,
不知其病根在来处;
今之理财,只怕无来处,
不知其病根在去处。

【原注】

陈榕门云：人之来处有二，所以教之，所以取之是也。财之去处惟一，所以用之是也。

【译文】

现在任用官员，只怕没有合适的位置，其实毛病在于当初选拔没有严格把关；现在理财，只怕没有财源，其实关键在于开支是否合理。

　　贫不足羞，可羞是贫而无志。
　　贱不足恶，可恶是贱而无能。
　　老不足叹，可叹是老而无成。
　　死不足悲，可悲是死而无补。

【原注】

陈榕门云：人生在世，无时无地，不有当尽之道。

【译文】

贫穷并不值得羞愧，可羞的是贫穷却胸无大志。卑贱并不值得憎恶，可恶的是卑贱却平庸无能。年老并不值得嗟叹，可叹的是年老却一事无成。死亡并不值得悲伤，可悲的是死得毫无价值。

　　事到全美处，怨我者难开指摘之端；
　　行到至污处，爱我者莫施掩护之法。

【译文】

事情做到完美的境界，即使恨我的人也难以找到指责我的借口；行为到了污秽不堪的地步，即使爱我的人也不能实施掩护我的办法。

衣垢不湔①,器缺不补,对人犹有惭色;
行垢不湔,德缺不补,对天岂无愧心。

【注释】

①湔(jiān):洗。

【译文】

衣服脏了不洗,器具破了不补,面对别人尚且有羞愧的脸色;行为污秽不加洗刷,道德败坏不加挽救,面对苍天难道没有惭愧之心?

供人欣赏,侪风月于烟花,是曰亵天;
逞我机锋,借诗书以戏谑,是名侮圣。

【原注】

风流罪过,贤者不免,吾辈所宜深戒。

【译文】

借风花雪月吟咏风流韵事来供人欣赏,这叫亵渎上天;利用诗词书文开玩笑来显露自己的口才,这叫侮辱圣贤。

罪莫大于亵天,恶莫大于无耻,
过莫大于多言。

【译文】

罪过没有什么比亵渎上天更大的,丑恶没有什么比毫无廉耻更大的,过错没有什么比多嘴多舌更大的。

言语之恶，莫大于造诬。
行事之恶，莫大于苛刻。
心术之恶，莫大于深险。

【译文】

言语方面，最大的罪恶就是造谣。处事方面，最大的罪恶就是苛刻。心术方面，最大的罪恶就是阴险。

谈人之善，泽于膏沐①；
暴人之恶，痛于戈矛。

【原注】

吕新吾云：闻人之善而掩覆之，或文致以诬其心；闻人之恶而播扬之，或枝叶以多其罪。此皆得罪于鬼神者也。吾党戒之。闻善则疑，闻恶则信，其人生平，必有恶而无善。

【注释】

①膏沐：妇女用来润发的东西。《诗·卫风·伯兮》："自伯之东，首如飞蓬，岂无膏沐，谁适为容。"

【译文】

称赞别人的善行，对方所受的光泽比膏沐还要光彩；暴露他人的罪恶，对方所受的痛苦甚于干戈长矛。

当厄之施，甘为时雨；
伤心之语，毒于阴①冰。

【注释】

①阴：通窨，凌窨，即冰窖。

【译文】

　　当别人有急难时给予帮助,有如干旱时的及时雨一样甘甜。说伤害别人心灵的言语,却比冰窖里的冰还要令人心寒。

　　阴恶积雨之险奇,可以想为文境,
　　不可设为心境;
　　华林映日之绮丽,可以假为文情,
　　不可依为世情。

【译文】

　　险奇的阴雨连绵气象,可以想象为文章的意境,但不能持有这样的心境;绮丽的山林映日景致,可以借作文章的情感,但不能作为世故人情。

　　巢父洗耳①以鸣高,予以为耳其窦也,
　　其言已入于心矣,当剖心而浣之;
　　陈仲出哇②以示洁,予以为哇其滓也,
　　其味已入于肠矣,当刲肠而涤之。

【注释】

　　①巢父洗耳:巢父,陶唐时高士,隐居于山上,以树为巢,而寝其上,故号巢父。尧以天下让之,不受;尧又让许由,亦不受,遁耕中岳颍水之阳,箕山之下;尧又欲召为九州长,由不欲闻,洗耳于颍水之滨。洗耳事关许由,非巢父。

　　②陈仲出哇:陈仲,即陈仲子,是齐国之廉士,耻于仕宦,不食兄之禄,不居兄之室。有馈其兄生鹅者,其母杀是鹅与之食,仲子知是鹅肉,出而哇之。详见《孟子·滕文

公下》。

【译文】

　　巢父洗耳朵以示清高，但我认为耳朵只是一个洞，听到的话已经进入心中了，应当剖心才能洗净；陈仲子吐出鹅肉以示高洁，但我认为吐出的只是渣滓，那味道已经进入肠子里了，应当割肠才能洗净。

　　　　诋缁黄①之背本宗，或衿带②坏圣贤名教；
　　　　詈青紫③之忘故友，乃衡茅④伤骨肉天伦。

【原注】

　　发人深省。

【注释】

　　①缁（zī）黄：指称僧人道士。僧人穿黑色衣服，道士戴黄色帽子。

　　②衿带：衣带，儒者的服饰，代指读书人。

　　③青紫：古代高官的代称。《汉书·夏侯胜传》："胜每讲授，常谓诸生曰：'士病不明经术，经术苟明，其取青紫，如俯拾地芥耳。'"王先谦补注："叶梦得云：'汉丞相太尉皆金印紫绶，御史大夫银印青绶，此三府官之极崇者，胜云青紫，谓此。'"

　　④衡茅：盖横茅为屋之意，义同"衡门"，形容所居房屋的简陋，引申为隐者的住所。此指隐居者。

【译文】

　　诋毁僧人道士背叛自己的宗族，就像文人败坏圣贤的教化一样；辱骂当官的人忘记了亲友，就像隐居的人伤害了骨肉亲情一样。

炎凉之态，富贵甚于贫贱；
嫉妒之心，骨肉甚于外人。

【译文】

世态的炎凉，富贵人家比贫贱人家体验更深刻；人心的嫉妒，骨肉之亲比外人还严重。

兄弟争财，父遗不尽不止；
妻妾争宠，夫命不死不休。
受连城①而代死，贪者不为，
然死利者何须连城？
携倾国②以告殂，淫者不敢，
然死色者何须倾国。

【注释】

①连城："连城之璧"或"连城璧"之省称，形容价值极高的宝物。

②倾国：或曰"倾城倾国"，《汉书·外戚传》："北方有佳人，绝世而独立，一顾倾人城，再顾倾人国。"言女色之害足以倾覆邦家也。此指美人。

【译文】

兄弟争夺财产，遗产不尽争夺就不会停止。妻妾争夺恩宠，丈夫不死争吵就不会罢休。接受价值连城的宝物而替人受死，即使贪财的人也不干，然而为利而死的人不计其数，又何必要连城之宝？携带美人一同赴死，即使好色的人也不敢，然而为美色而死的人比比皆是，又何必要倾国之色？

病危乌获①,虽童子制梃可挞;
臭腐王嫱②,惟狐狸钻穴相窥。

【原注】

静念及此,味如雪淡,兴若冰消。

【注释】

①乌获:人名,古代的大力士。《孟子·告子下》:"今日举百钧,则为有力人矣;然则举乌获之任,是亦为乌获而已矣。"

②王嫱(qiáng):汉元帝宫女,秭归人,字昭君。出塞和亲,使汉朝与匈奴交好。

【译文】

大力士乌获病危的时候,连小孩子也能用棍棒打他;美女王昭君死后尸体腐烂发臭的时候,只有狐狸会钻进墓穴中窥视她。


圣人悲时悯俗,贤人痛世疾俗,
众人混世逐俗,小人败常乱俗。

【原注】

呜呼!小人坏之,众人从之。虽悯虽疾,竟无益矣。故圣贤在位,则移风易俗。陈榕门云:先有一段悲悯痛疾之心胸,而后有一番移风易俗之事业。徒然愤世嫉俗以为高,与世诚无益也。

【译文】

圣人悲叹可怜世俗,贤人痛心疾首世俗,众人追逐混迹世俗,小人败坏扰乱世俗。

读书为身上之用,而人以为纸上之用;
做官乃造福之地,而人以为享福之地。
壮年正勤学之日,而人以为养安之日;
科第本消退之根,而人以为长进之根。

【原注】

高忠宪公云:圣贤之书,不是教人专学作文字,求取富贵,乃是教天下万世做人的方法。今人都不曾依那书做得一句,所以读底是古人书,做底是俗人事,诚所谓书自书,我自我,与不学者何以异。今之居官者,不但为自己享福计,且为子孙享福计;百计搜索横财,以供享福之用。噫!误矣。上天生尔,为造福之人,今反为造殃之人,清夜自思,上天其肯宽宥乎?造福享福二念,居官者人鬼关头。

杨道渊云:而今学者通病,当失意时,便奋发曰:到家却要如何,及奋发数日渐倦息,或应酬别事,则曰:且歇下一时,明日再做。且歇二字,遂循环过了一生;士君子进德修业,皆为且歇二字所牵缚,白首竟成浩叹。果能一旦奋发有为,鼓舞不倦,除却进德,是毙而后已。若论其余事业,不过五年七年,无不成就之理。莲之始开也,至暮则复合,至不能合则落矣。人家富贵,须如莲之始开,使常有收敛意,自可耐久。若一开不可复合,吾惧其落之不远也。

邵康节云:牡丹含蕊为盛,烂漫为衰。盖日午则昃,月盈则亏,月盈日午,有道之士所不处一焉。杨石斋廷和当国时,弟为卿者一,任方面者二,诸子侄又数人,皆通显,子慎,复成进士第一,贺者填委,公独频蹙不欢。或问故,公曰:君知傀儡场乎?方奏技时,次第陈举,曲终而傀儡尽出,人家气数有限,尽泄不宜,吾恐今是曲终时也。未几,以议大礼不合，公罢相归，慎戍滇金事，恂以杀人抵大辟，人始服公之先见。

【译文】

　　读书当为修身养性，而人们以为只是纸上的文字工夫；做官本来是为百姓造福，而人们却以为是享福的时机。壮年时期正是勤奋学习的好岁月，而人们却以为是养生安逸的时候；科举中第本是谦让的时机，而人们却以为是进取的契机。

　　　　盛者衰之始，福者祸之基。
　　　　福莫大于无祸，祸莫大于邀福。

【译文】

　　兴盛是衰败的开始，幸福是灾祸的根源。最大的福气就是终生无灾祸，最大的祸患就是刻意求福。

出版人：史宝明
出品人：许　永
责任编辑：周亚灵
特邀编辑：黎福安
装帧设计：海　云
内文制作：百　朗
印制总监：蒋　波
发行总监：田峰峥

投稿信箱：cmsdbj@163.com
发行：北京创美汇品图书有限公司
发行热线：010-59799930

创美工厂
官方微博

创美工厂
微信公众号